UN DAÑO IRREPARABLE

Dra. Laurie Ann Ximénez-Fyvie

UN DAÑO IRREPARABLE

LA CRIMINAL GESTIÓN DE LA PANDEMIA EN MÉXICO

 Planeta

In memoriam

Sr. Fortunato Domínguez Reyes —padre, esposo, abuelo
y mexicano—, fallecido a los 63 años de COVID-19,
el 26 de septiembre de 2020 a las 09:00 horas,
en la Unidad Temporal COVID-19 del Centro Citibanamex
en Ciudad de México.
Su recuerdo, y el de 1 855 064 personas,
inspira la lucha de muchos por detener la pérdida
de vidas durante la pandemia de COVID-19.

Dedicado a los profesionales de la salud y científicos
alrededor del mundo que han sacrificado tanto para procurar
la salud, la vida y el avance del conocimiento, en beneficio
de la humanidad durante la pandemia de COVID-19.

ÍNDICE

Glosario

- *El virus que causa la pandemia actual se llama SARS-CoV-2.*
- SARS son las siglas de *severe acute respiratory syndrome* (síndrome respiratorio agudo grave, en español).
- CoV hace referencia a *coronavirus*, que en la nomenclatura internacional describe el género al que pertenece un microorganismo (virus), el cual también es miembro del orden de los *Nidovirales* y de la familia *Coronaviridae*.
- El 2 denota que se trata de la segunda especie, hasta el momento descrita, de virus del género *Coronavirus*, que causa síndrome respiratorio agudo grave en los seres humanos.
- *La enfermedad causada por el virus SARS-CoV-2 se llama COVID-19.*
- COVID es acrónimo de *Coronavirus disease* (enfermedad por *Coronavirus*, en español).
- 19 se refiere a 2019, año en el que se presentó el primer caso y se describió la enfermedad.

PRÓLOGO

Este libro se originó de mi genuina preocupación por la crítica situación epidémica en México, así como de un sentido compromiso, personal y profesional para contribuir al mejor entendimiento de varios de los sucesos ocurridos durante el primer año de la pandemia de COVID-19, particularmente debido a las acciones que han permitido controlar los contagios en algunas partes del mundo y a las decisiones que, por el contrario, han llevado a otras a sumirse en algunas de las situaciones más dramáticas y devastadoras de las que se tenga memoria en el último siglo.

Espero que este texto sirva como un testimonio del que se pueda derivar un aprendizaje, que en un futuro permita no repetir los errores que aquí se han cometido y que han llevado a tantos seres humanos a morir.

El esfuerzo habrá valido la pena si, tras la lectura, se comprende que prácticamente nada de lo que ha sucedido era inevitable; este no ha sido un evento impredecible o inconmensurable. Los resultados que hoy vivimos son una consecuencia directa de las decisiones que se han tomado para enfrentar el problema.

En muchas partes del mundo hemos fallado como sociedad, como humanidad, al permitir que, ante las disyuntivas, otras prioridades desplazaran del centro de la compleja ecuación de toma de decisiones la protección de la salud y de la vida de las personas.

Al cierre de este manuscrito, en el mundo se registraban 88 455 697 casos de COVID-19 y 1 905 177 defunciones atribuidas a esta enfermedad.[1] Más de 215 países y territorios reportaban contagios y en 195 de ellos (90.7 %) se registraba al menos una muerte. Hasta esa fecha, la curva de contagios diarios mostraba tres escaladas posteriores al brote inicial en China.

La primera se corresponde al brote inicial de contagios en Europa, de febrero a mayo. La segunda, a contagios reportados principalmente en Estados Unidos, Latinoamérica e India. Y la tercera, que comenzó a mediados de octubre y continúa en rápido ascenso hasta la conclusión de este libro, correspondiente sobre todo a la segunda oleada de contagios en Europa y a los marcados repuntes observados en Estados Unidos, Turquía, Brasil, Rusia y México. A finales de diciembre se reportaban en promedio 700 000 nuevos contagios y 13 000 nuevas defunciones diarias alrededor del mundo.

Pero retrocedamos unos meses.

El 12 de enero de 2020, China dio a conocer la secuencia genética del virus SARS-CoV-2, causante de la enfermedad por COVID-19 y, pocos días después, se publicó la descripción de un método molecular que permitía identificarlo a partir de muestras clínicas tomadas de seres humanos. Faltaba cerca de un mes y medio para que en México se diera a conocer el primer caso oficial de esta nueva enfermedad. Tras la dramática situación inicial en China y los brotes que siguieron en diferentes partes del sureste asiático y Oceanía, la mayoría de los países de aquellas regiones del mundo parecía estar conteniendo relativamente bien la dispersión de los contagios en sus comunidades, dejándonos los primeros ejemplos de cómo era posible controlar el problema. Poco después, Europa occidental se veía fuertemente azotada por la pandemia y observábamos en los medios de comunicación escenas casi dantescas en países como Italia y España, con hospitales desbordados y cadáveres apilados en camiones del ejército y pistas de hielo acondicionadas expresamente para ese propósito.

En lo personal, jamás imaginé que vería tales imágenes. Las acciones para enfrentar la pandemia emprendidas en aquellos países europeos también nos permitían aprender de sus errores. Supimos rápidamente que actuar tarde y con tibieza ante un evento epidémico transmisible de esta naturaleza termina pagándose con vidas humanas.

Mientras que ya se reportaban números significativos de contagios en Estados Unidos, Latinoamérica tenía la suerte de no registrar casos todavía —por lo menos en cifras oficiales—. Creí en aquel tiempo que nos iría bien o por lo menos mejor que en los países que habían sido azotados hasta entonces. No porque hubiera creído que nos salvaríamos de la llegada del virus, sino porque tuvimos el privilegio incalculable de contar con dos herramientas de las que carecieron en otras regiones del mundo: tiempo y aprendizaje previo.

El relato de las experiencias de Asia y Europa, sus aciertos y errores en el manejo de la pandemia llegaban a nuestro país y aún teníamos tiempo para prepararnos.

Además, el doctor Hugo López-Gatell, actual subsecretario de Prevención y Promoción de la Salud de México, quien se veía como la persona al frente de la gestión de la pandemia en México, contaba con las credenciales necesarias como médico cirujano, con un doctorado en Epidemiología por la Escuela de Salud Pública Bloomberg de la Universidad Johns Hopkins. Parecía una misión difícil, sin duda, pero que se nos presentaba servida en bandeja de plata, con muchas ventajas para salir bien librados: tiempo suficiente, conocimientos previos y un encargado formado adecuadamente para enfrentar el reto.

No voy a negar que llegó a preocuparme lo que había escuchado con anterioridad de López-Gatell y digamos que no había sido pintado, precisamente, bajo una buena luz. Recordaba de tiempo en tiempo con preocupación que su mal desempeño para enfrentar la epidemia de influenza A H1N1 en 2009, durante la administración del presidente Felipe Calderón, lo llevó a ser relegado al ostracismo burocrático por el resto del sexenio. Sin embargo, al principio creí que aquel hombre de buena percha y facilidad de palabra haría, por lo menos, lo que señalan los manuales de epidemiología básica: controlar la expansión de los contagios.

México tuvo la oportunidad de aprender de las lecciones que llegaban de manera copiosa desde los países que habían sido sumidos en una pandemia incontrolable, como fue el caso en la primera parte de 2020 de Italia, España, Francia, Bélgica y Reino Unido, entre otros, y a la vez de seguir el ejemplo de aquellos que ya estaban controlando adecuadamente la situación, como Vietnam, Taiwán, Corea del Sur, Singapur, Nueva Zelanda, Australia y la misma China, donde entendemos hoy que este coronavirus adquirió la capacidad de infectar al ser humano a partir de un animal intermedio, probablemente el pangolín.

El 27 de febrero, en México se confirmó el primer caso de COVID-19. Comencé a seguir diariamente con atención los informes que presentaba López-Gatell.

Seguí puntualmente los avances de la pandemia, no solo en México, sino en el mundo. Nada raro, supongo, para quien ha dedicado su vida profesional a tratar de entender —a admirar, incluso— la vida microscópica y las relaciones que guarda con nosotros y con el resto de las especies con las que cohabitamos este planeta.

Intuí pronto que podríamos estar ante un evento pandémico de dimensiones similares al vivido hace casi exactamente un siglo: la gran pandemia de influenza de 1918-1920, en la que perdieron la vida más de 30 millones de personas. Estructuré mis propias bases de datos para poder analizar a diario, de forma tan precisa como era posible, el avance de COVID-19 alrededor del mundo.

En México, la pandemia parecía avanzar con lentitud, por lo que mi interés se centraba, principalmente, en lo que ocurría en otros países, aunque volví parte de mi rutina diaria escuchar a López-Gatell en las conferencias de prensa sobre

COVID-19 y tomar nota de lo que en ellas transcurría. Comenzaban a ser preocupantes algunas declaraciones y actitudes del vocero de la pandemia y de su grupo.

Las que más resonaban en mi mente eran la insistencia de que la enfermedad por COVID-19 no era más grave que la influenza, cuando veíamos que, en donde se permitía que golpeara, dejaba estelas de muerte; la reiterada simplificación de lo que a leguas se avizoraba como un evento potencialmente catastrófico que requería acciones complejas para contenerlo; el exceso de confianza en que todo estaba previsto en nuestro país y nada podría salir mal, teniendo ejemplos inmediatos como el de la ciudad de Nueva York que, a pesar de contar con un líder como el gobernador Andrew Cuomo, quien empeñaba todos sus esfuerzos y recursos en tratar de detener el tsunami, llegó al borde del colapso y perdió cerca de 25 000 vidas antes de lograr controlar la crisis, y el espectáculo cada vez más descaradamente demagógico y teatral en el que se convertían las apariciones públicas de López-Gatell, en las que se llegó a ver al subsecretario ignominiosamente sonriente y complacido por ser llamado *rockstar* o *sex symbol*.

Quizá entonces algunos pensaban que todo era parte del *folclor mexicano* y que no se le podía culpar demasiado por sonreír y aceptar los elogios banales. A fin de cuentas, en la ciencia y la medicina, lo mismo que en la música y en otras artes, procurar la fama —incluso solo por la fama misma— no es poco común.

Pero cuando se tiene la responsabilidad de tomar decisiones que pueden poner en riesgo la salud y la vida de millones de personas, sin duda lo que debería imperar es el profesionalismo y la seriedad. Dicho sea de paso, jamás rondará en la misma esfera un Liberace que un Liszt.

Para marzo era claro que el discurso y las decisiones en torno a la pandemia en nuestro país adoptaban cada vez tintes más político-demagógicos que académico-científicos: «Vamos a suponer que tenemos una escuela de mil niños, nadie está infectado y de repente, de esos mil, un niño tiene la infección; si yo cierro la escuela en ese momento, voy a tener un efecto positivo, porque estoy evitando que un niño contagie a 999 niños. Si yo, en lugar de cerrar la escuela en ese momento, me espero a que la escuela tenga, por ejemplo, 10 niños infectados, puedo cerrar la escuela y esa medida aplicada a 10 contra 990 es más efectiva que si la cierro cuando es solo uno contra 999. Si me espero aún más y tengo, por ejemplo, 100 niños infectados, es todavía más efectiva la intervención, porque estoy evitando que 100 tienen una mayor fuerza de infección [*sic*], así se llama técnicamente, para contagiar a los 900 restantes, y así sucesivamente hasta llegar a un punto en donde llego a la máxima utilidad de la intervención y es cuando un volumen muy grande, vamos a pensar 400 niños, tienen la fuerza de 400 para infectar a los 600 que restan, esa sería la máxima utilidad de la infección».[2]

López-Gatell dijo lo anterior en la conferencia de prensa del 14 de marzo de 2020. Lo escuché por televisión durante la transmisión en vivo.

Su explicación contradecía los principios básicos de la contención epidemiológica de las enfermedades transmisibles y evidenció la estrategia que el gobierno mexicano había emprendido para enfrentar la pandemia, misma que habría de sentenciar la vida más de 134 368 personas —en cifras oficiales— al cierre de este texto. Cuatro días atrás, la Organización Mundial de la Salud (OMS) había declarado la expansión de COVID-19 en el mundo como una pandemia.

Mientras que muchos países cerraban las escuelas y los comercios, procurando reducir la movilidad de sus poblaciones para ganar tiempo y desacelerar la dispersión comunitaria del virus, y ampliaban sus capacidades diagnósticas, establecían estrategias masivas para el rastreo de contactos y aseguraban la disponibilidad de insumos, personal y equipamiento hospitalario, el servidor público designado para enfrentar al virus en México fabricaba explicaciones elaboradas para señalar que aquí se vería primero por no molestar las rutinas de la población que por la salud y la vida misma de su gente. En pocas palabras, contradiciendo las bases científicas para lograr la contención y el control de una enfermedad infecciosa con potencial epidémico, López-Gatell había decidido que en México no se procuraría evitar la expansión de los contagios. Ese video del 14 de marzo queda para los anales de la historia.

Apenas dos días después, en otra conferencia de prensa, hubo otra declaración que me resultaba inverosímil de labios de quien estaba decidiendo sobre la vida de casi 130 millones de personas. Al ser cuestionado por una reportera sobre si el presidente de la República se haría una prueba diagnóstica para COVID-19, López-Gatell respondió: «Lo que hemos explicado repetidamente es: esta prueba no es una prueba para uso clínico; una persona que tenga los síntomas, que tenga la enfermedad, no sirve de nada saber si es positivo o negativo. ¿Por qué razón? Porque la atención médica de una persona con COVID, la enfermedad que produce el nuevo coronavirus, es exactamente igual se sepa que tiene o que no tiene el virus, porque no existe en el mundo entero y muy probablemente no existirá a lo largo de la epidemia un tratamiento específico, un medicamento que aniquile al virus. ¿Por qué razón? Porque esta enfermedad, igual que una enorme cantidad de las infecciones respiratorias causadas por virus, se curan solas, el sistema de defensas del cuerpo, llamado sistema inmune, genera anticuerpos que son sustancias, moléculas, proteínas que combaten al virus y lo aniquilan solo, y es por eso que la enorme cantidad de la enorme mayoría de las personas se recupera espontáneamente. Ahora, aún más descabellado es pensar que preventivamente tenemos que hacernos la prueba, cualquiera de nosotros o el señor presidente. No tiene ninguna lógica científica. [...] Le voy a decir una cosa muy pragmática: casi sería mejor que padeciera coronavirus, porque lo más probable es que él en lo individual, como la mayoría de las personas, se va a recuperar espontáneamente y va a quedar inmune, y entonces ya nadie tendría esta inquietud sobre él».[3]

No lo dijo con todas las letras, pero no hacía falta hacerlo. Cualquiera que sepa dos cosas de infectología, inmunología y hasta de epidemiología entendió con claridad lo que ese hombre estaba proponiendo, basándose en suposiciones que carecían de sustento científico alguno. Su mensaje fue: la enfermedad es solo una más de tantas infecciones respiratorias virales que se curan espontáneamente sin intervención, representa un riesgo minúsculo de muerte y confiere inmunidad protectora y duradera, de ahí que lo deseable y menos molesto para todos era simplemente dejar que la gente se infectara, para que en nuestro país se fuera conformando la inmunidad comunitaria, también llamada «inmunidad de rebaño».

Hoy sabemos que COVID-19 no es una enfermedad respiratoria, sino un síndrome microvascular. También, que la vigilancia e intervención médica, tanto temprana como en los estadios más avanzados de la enfermedad, conducen a salvar vidas.

Todavía comprendemos poco sobre la inmunidad adquirida tras la infección; sabemos que muchas personas pierden la protección inmunitaria a los pocos meses de haber padecido la enfermedad y quedan nuevamente susceptibles a la infección por el mismo coronavirus. Entendemos que COVID-19 es una enfermedad altamente contagiosa con un riesgo elevado de muerte y frente a la cual no es posible llegar a la inmunidad de rebaño por medio de la infección natural, incluso sacrificando la vida de millones de personas.

¿Podía López-Gatell haber sabido todo esto el 16 de marzo de 2020?

No. Por lo menos, no todo.

Pero cualquiera que sabe dos cosas de lo que sea entiende que, en la toma de decisiones, ante la duda, se debe asumir el peor escenario y actuar en consecuencia para disminuir los riesgos.

Lo que sí se tenía claro era que, por la tasa de transmisión del virus, se requeriría que por lo menos 70 % de la población se infectara y adquiriera inmunidad para poder aspirar a la protección comunitaria «de rebaño». En un país con 129 millones de habitantes como el nuestro, esto significaría 89.6 millones de infectados.

El 16 de marzo de 2020, la tasa de letalidad por COVID-19 en el mundo era de 3.9%, de tal manera que la cifra que arrojaban los cálculos en esa fecha, sobre cuántas vidas se estaría sacrificando en México si se persiguiera una estrategia de inmunidad de rebaño, como en aquellos días lo sugería López-Gatell, era de más de 3.5 millones.

En Reino Unido, después de haber vacilado con la misma idea de una solución sencilla y económica al problema de la pandemia mediante la inmunidad de rebaño, al hacer este mismo cálculo se retractaron de cualquier sugerencia de encaminar su estrategia de control por ese rumbo. Mientras tanto, a los mexicanos se nos trataba de convencer, contra toda lógica, que era mejor que se infectaran 100 niños que uno.

Después de escuchar las declaraciones de esos días, a mediados de marzo, supuse que las grandes voces, los líderes de opinión de las comunidades científica y médica de nuestro país, se alzarían a gritos pidiendo la rectificación del rumbo y la destitución inmediata de López-Gatell. Grande fue mi sorpresa y desilusión cuando, después de una rápida leída a los titulares de los días siguientes, no encontré mención alguna sobre el tema.

Abundaban los memes y las burlas en redes sociales, por aquello de que «la fuerza del presidente es moral, no es una fuerza de contagio», dicho también por el subsecretario en la misma rueda de prensa del 16 de marzo. Esas críticas y burlas no iban al centro de lo que preocupaba, ni venían de expertos.

En redes sociales apenas se asomaban algunas voces académicas aisladas, pero ninguna resonaba fuerte, porque se hablaba solo desde lo individual y no había ninguna iniciativa para unir voces y opiniones en conjunto como gremio. Sin duda, no fui la única que detectó las señales alarmantes en la retórica del subsecretario. ¿Por qué entonces el silencio del gremio? A la fecha, no tengo una respuesta. ¿Cómo podíamos en las comunidades académico-científicas permanecer tibios o callados mientras el subsecretario, a todas luces, encaminaba la pandemia en México hacia un desenlace catastrófico?

Para mí, era el momento más indicado de hacer oír nuestras opiniones académicas, porque aún no se reportaban oficialmente defunciones por COVID-19 en el país, pero se podía anticipar que aquí, y por lo visto en otros países que también actuaron tarde, vacilaron en sus acciones de respuesta y minimizaron la gravedad y magnitud del problema, miles de personas morirían también. Y eso es justamente lo que ocurrió.

Decidí entonces sentarme a escribir sobre lo que estaba ocurriendo, desde mi perspectiva profesional, académica y científica, y volcar mis opiniones en redes sociales con la esperanza de que fueran escuchadas y que eso pudiera contribuir a propiciar un cambio positivo en el rumbo de la pandemia en nuestro país.

Sin ser aficionada a las redes sociales, mi cuenta de Twitter tenía apenas unos 200 seguidores, principalmente amistades y alumnos, de manera que el alcance de mis comunicaciones era, por decir lo mínimo, limitado. Escribí un primer artículo el 27 de marzo que intitulé «¿Qué hacemos ahora? ¿Cómo llegamos aquí?», en el que traté de verter una serie de reflexiones sobre el curso de eventos que nos habían llevado a la situación que estábamos viviendo, sobre los errores que se estaban cometiendo en la gestión de la pandemia en nuestro país, y sobre la importancia de que la población supiera de la potencial gravedad de la crisis que apenas comenzaba a azotarnos. Publiqué ese artículo en el sitio web del Laboratorio de Genética Molecular de la Facultad de Odontología de la UNAM, el cual fundé y he encabezado desde el año 2000.

Subí la publicación al sitio solo unos días después del primer fallecimiento por COVID-19 en México, reportado el 18 de marzo, y la compartí en Twitter y Facebook con el pequeño círculo de amistades que entonces me leían en esas redes sociales. Recibí varias felicitaciones por las reflexiones vertidas en el artículo y muchas sugerencias para que tratara de difundir el texto más ampliamente en medios de comunicación, o con alguien que tuviera un gran alcance en redes sociales. Así lo hice. Envié el artículo a varios medios de comunicación y cuentas en Twitter a las que sigo. En total, envíe el artículo a cerca de 40 cuentas, entre ellas la de Aurelio Asiain, profesor, intelectual y poeta mexicano que vive en Japón.

El maestro Asiain también había estado siguiendo de cerca el desarrollo de la pandemia y constantemente compartía avances, opiniones e información científica que me parecían de gran relevancia. Jamás recibí respuesta o comentario alguno de las cerca de 40 personas a las que contacté, excepto del maestro Asiain. A las pocas horas de haberle enviado el mensaje y mi artículo, respondió con un mensaje breve y al punto: «Con mucho gusto». Y así lo hizo, compartió el texto en su cuenta de Twitter el 29 de marzo. Varias personas lo leyeron y compartieron, y a partir de ahí comencé a tener más seguidores y mis opiniones fueron escuchadas por un número cada vez mayor de personas. Si usted está leyendo estas líneas, es gracias a Aurelio Asiain.

A raíz de una entrevista con Pascal Beltrán del Río, fui invitada a escribir un artículo de opinión para el diario *Reforma*. «El Fiasco del Siglo» fue publicado el 5 de mayo de 2020. Ahí desarrollé un análisis crítico sobre la estrategia equivocada que el subsecretario López-Gatell había decidido implementar para gestionar la pandemia en México e hice una fuerte crítica a sus actitudes cada vez más negligentes e indolentes.

Cuatro días antes del primer fallecimiento en México por COVID-19 se había llevado a cabo el festival Vive Latino, un evento masivo en el que se congregaron más de 3 000 personas durante tres días consecutivos en Ciudad de México. En el mundo se reportaba lo que entonces parecían cifras escandalosas, con 179 103 casos y 7 079 defunciones. China y otros países, principalmente del sureste asiático, parecían haber estabilizado ya sus brotes iniciales de contagios y más de la mitad de los casos registrados en el mundo se concentraban en Europa y Norteamérica. Era solo cuestión de tiempo para que la ola de contagios nos golpeara. La precaución debió imperar, convertirse en el orden del día, de todos los días. Pero, fiel a sus formas, López-Gatell insistió en que no tenía «un sentido técnico ni científico» cancelar el festival.

El 17 de marzo escuché a la doctora Claudia Sheinbaum, jefa de gobierno de Ciudad de México, hacer uno de los llamados a la población más vergonzosos que había escuchado hasta entonces, en el que trataba de convencernos de que no había razones para tomar acciones que calificó como «drásticas», ni para «exagerar» la situación, y varias veces insistió en que solo había «21 casos de COVID-19 en Ciudad de México», «solo 21 casos». Hoy, con 1 541 633 casos, 134 368 defunciones, una ocupación hospitalaria alrededor del 89 % y todos los indicadores negativos al alza en Ciudad de México, no puedo dejar de preguntarme si no daría lo que fuera por volver a ese momento y rectificar aquel llamado a la población, ser drástica y exagerada, para garantizar que aquellos 21 casos no se convirtieran siquiera en 22.

Acoto aquí que lo de «vergonzoso» lo digo menos por ella que por quienes la asesoraron; desde luego que no puedo asegurar que uno de ellos haya sido López-Gatell, pero alguna influencia de su parte hubo, porque ella genuinamente desconocía el tema y en su llamado se le veía convencida de que eran acertados sus comentarios y correctas sus decisiones; confió en la veracidad de la información que se le proporcionó, por lo menos eso es lo que creo.

En cualquier caso, cuesta trabajo volver a ver esos videos sin que se revuelva el estómago. Nuevamente, ante una disyuntiva, se desplazaba en el orden de prioridades la salud y la vida de las personas por consideraciones mucho menos relevantes.

A la fecha, si una actitud ha caracterizado la gestión de la pandemia en México, ha sido precisamente esa.

Las acciones y los mensajes del subsecretario de Salud han tenido siempre una dosis de ambigüedad y contradicción. Han sido muchos sus mensajes encontrados.

Por ejemplo, cerrar las escuelas y los negocios durante la Jornada Nacional de Sana Distancia, instruyendo a la población a quedarse en casa, pero sin asegurarse de su cumplimiento, sin promover otros recursos menos costosos para controlar los contagios, como el uso del cubrebocas, y sin emprendimiento de alguna estrategia epidemiológica de contención que permitiera frenar los contagios en la comunidad.

Otro ejemplo: invirtió mucho tiempo y esfuerzo en explicar a la población que el modelo de vigilancia epidemiológica Centinela era extraordinario, solo para terminar desestimando su utilidad cuando las cifras que arrojaba comenzaron a incomodarlo. Algo similar ocurrió con el, supuestamente, multilaureado semáforo epidemiológico, que presumió sobremanera en un inicio, incluso sugirió que otros países copiaban tan brillante idea, solo para que un día de diciembre señalara que el color de la luz del semáforo en Ciudad de México era «irrelevante».

Así pues, sí se han emprendido algunas acciones, pero siempre han venido tarde y han resultado insuficientes para la magnitud del problema; en particular, digamos, el número de pruebas diagnósticas diarias que se hacían en México en diciembre de 2020 quizá habría sido suficiente para controlar el tamaño de la epidemia nacional que se tenía en abril y mayo, pero no en diciembre. En la práctica, miles de mexicanos han seguido infectándose todos los días y eso ha llevado a la muerte de más de una centena de miles de personas.

Entendí pronto que, mientras López-Gatell estuviera a cargo de la gestión de la pandemia en México, las cosas no irían bien.

Era evidente que no pretendía tomar la única acción absolutamente indispensable para poder controlar la crisis: contener los contagios en la comunidad. Lo dijo con claridad y algunos estábamos escuchando: «es mejor que se infecten 100 niños que uno; lo mejor sería que se infectara (el presidente) porque va a recuperarse y quedar inmune».

Basando sus decisiones en esas *ocurrencias*, no es difícil entender por qué gran parte de sus declaraciones han parecido siempre contraproducentes ante el objetivo de disminuir y contener los contagios. La lista es larga, pero aquí hay dos que resulta imposible olvidar: su continua desestimación del cubrebocas como herramienta eficaz para prevenir los contagios y su infundada reiteración de que los casos asintomáticos no contagian la enfermedad, cuando, desde marzo —y desde hace décadas, en el caso del cubrebocas—, había cúmulos de evidencia científica que demuestran lo contrario. No es descabellado pensar que el motivo para difundir semejantes absurdos entre los millones de mexicanos que lo han escuchado en sus ruedas de prensa era, justamente, lograr que la gente se contagiara lo más rápido posible. Finalmente, esa sería la meta si la estrategia que se persigue es alcanzar la inmunidad de rebaño.

Hago un pequeño paréntesis aquí para aclarar que, de ninguna manera, pretendo sugerir que la intención de López-

Gatell, ni de nadie más involucrado en la toma de decisiones relacionadas con la pandemia en el ámbito federal o local, haya sido el genocidio. Por ahí he escuchado esa teoría conspiracionista y me parece tan absurda como decir que el cubrebocas no es útil para prevenir los contagios de una infección que se transmite principalmente por vía respiratoria. Desde luego que no pienso que el subsecretario sea un psicópata o un asesino. Simplemente es un político que procura asegurar y engrandecer su posición, agradando con soluciones expeditas y económicas a su jefe, el presidente de la República. Tampoco lo creo un idiota ni un profesional poco preparado. De hecho, pienso que es un hombre inteligente, bien preparado e informado, que ha sabido siempre qué se tiene que hacer para impedir y detener esta catástrofe, pero ha tomado la decisión consciente de no hacerlo para afianzar su posición política.

Durante todos estos meses en los que, como muchas personas alrededor del mundo, he vivido momentos intensos, a veces de rabia, desesperación, tristeza, soledad o duelo, jamás he pensado que haya dolo detrás de las acciones de López-Gatell.

Es cierto que el resultado de sus decisiones ha sido la muerte de miles de personas, pero nunca he pensado que matarlas haya sido su intención u objetivo. Simplemente se creyó más *abusado* que todos, pensó que la inmunidad comunitaria vendría pronto con pocas muertes y que con ello asestaría una contundente victoria, con la que jamás volvería a ser relegado.

Habiendo dicho lo anterior, hay acciones que, con o sin dolo, resultan imperdonables.

Por encima de cualquier otra cosa, en mi opinión, su incapacidad para rectificar y cambiar de rumbo son lo más imperdonable de todo. Esa actitud demuestra no solo soberbia e indolencia, sino que también deja claro que su papel es político y no científico.

Ninguna persona de ciencia persiste en creencias o acciones que van en contra de la evidencia. Pero López-Gatell ha tenido otras actitudes. Por ejemplo, mientras que sigue pidiendo que la gente se quede en casa para evitar contagios, él hace lo contrario: para las fiestas de Año Nuevo, en uno de los momentos más críticos de la pandemia, viajó a las playas de Oaxaca. En las más que indignantes fotografías donde se le ve dentro del avión hablando por teléfono y sentando en una palapa de la playa de Zipolite, no lleva puesto el cubrebocas. Ese domingo 3 de enero de 2021, mientras López-Gatell vacacionaba, se reportaban 6 464 nuevos casos y 544 decesos.[4]

Su derecho a vacacionar no se cuestiona, pero sí el símbolo que representa que la máxima autoridad en el tema sanitario decida exhibirse públicamente tomando vacaciones sin las medidas que él ha pregonado. ¿Dónde queda la congruencia y el respeto a los médicos que han trabajado jornadas extenuantes sin oportunidad de un descanso?

López-Gatell ahora vive las consecuencias de sus decisiones, las reporta a diario, sabe que más de 134 000 personas han muerto como resultado de ellas, y la pandemia no está siquiera cerca de concluir en México.

Es tarde para los que ya partieron y para sus familias en luto, pero quedan muchas vidas que todavía pueden y deben ser salvadas. La fuerza con la que tarde o temprano en este país se exigirá la rendición de cuentas será insospechada si se permite que se sigan sumando los muertos. El rumbo se tiene que rectificar, con, sin o a pesar de López-Gatell.

En esta pandemia, la gente no solo ha enfermado y muerto, sino que muchos han perdido a sus seres queridos, su empleo, su negocio, y se sienten abrumados o desesperados.

El peso de la angustia, la incertidumbre y la soledad comienza a acumularse y a causar estragos. En medio de la falsa dicotomía que tanto les preocupa a nuestras autoridades, entre morir de hambre o morir de COVID-19, salvar la economía o controlar la pandemia, muchas veces se olvida que, además de la enfermedad y la economía, todo lo que está ocurriendo tiene un costo emocional muy elevado para una proporción amplia de la población.

A mediados de año, una mujer me escribió por Twitter y solicitó mi ayuda para su hija de ocho años, que había sido diagnosticada con COVID-19 y empezaba a mostrar signos de deterioro, con fiebre alta y disminución en la oxigenación. Era el primer caso pediátrico de COVID-19 del que sabía directamente.

No puedo describir la angustia que me provocó leer la desesperación de una madre al sentir que estaba a punto de perder a su pequeña hija. Tenía que ayudarlas. Contacté a uno de los médicos que más respeto, tanto personal como profesionalmente, el doctor Francisco Espinosa, pediatra que asistió el nacimiento de mi hijo menor y ha sido nuestro médico de cabecera durante casi 20 años. Aceptó llevar el caso de la pequeña, pro bono, de forma remota, y me comentó que había estado atendiendo casos de COVID-19 de esa manera durante algún tiempo.

Al informarle a la mamá que su hija sería atendida por un experto, se desbordó con mensajes de agradecimiento y alivio. Le dije que la muestra de agradecimiento más grande que podía concederme era volver a escribir cuando su hija estuviera recuperada, solo para hacérmelo saber. En ese momento, no tuve la certeza de que se recuperaría, pero deseé fervientemente que así fuera.

Tres semanas más tarde me volvió a escribir. Su pequeña se había recuperado.

Nunca podré olvidar el sentimiento de profunda alegría y satisfacción que me provocó la noticia de que su hija se había salvado. Quise encontrar la manera de hacer lo mismo por muchas personas más.

Así nació la idea de formar Salvemos con ciencia. No tenía nombre entonces. Era solo un proyecto, nacido del sueño de poder salvar vidas y disminuir la carga del personal médico hospitalario durante la pandemia. Desde el inicio, el proyecto se concibió como una iniciativa altruista, con la que se atendería gratuitamente y de forma temprana casos de COVID-19 por vía remota, y se empoderaría a la población con información científica para saber cómo protegerse adecuadamente del contagio y cómo autovigilar sus signos y síntomas en casa, para detectar señales tempranas de alarma y reconocer oportunamente cuándo buscar atención médica o acudir al hospital. La iniciativa es ahora una asociación civil sin fines de lucro, a la que se han sumado 42 voluntarios más, especializados en diferentes áreas, quienes en conjunto desarrollan todas las actividades relacionadas, de forma directa e indirecta, con los proyectos de la asociación. Más de 70 médicos y psicólogos se han sumado también al proyecto, esperando el lanzamiento de la plataforma de atención temprana de pacientes con COVID-19, para empezar a salvar vidas de forma gratuita y segura, tanto para ellos como para los pacientes. A la fecha, los doctores Espinosa, Martín del Campo, Hirsch y Rodríguez han atendido por WhatsApp a mil pacientes, de los cuales solo 23 (2.6 %) fueron remitidos al nivel hospitalario y 10 (1.1 %) han fallecido. En el mundo, la tasa de letalidad en la actualidad es de 2.2 %; en México, de 8.8 %. La vigilancia y atención temprana de COVID-19 salvan vidas.

Casi nueve meses después de mi primer texto sobre la pandemia, en el que compartí mis reflexiones sobre lo que estaba sucediendo y lo que se podía anticipar, he sabido de más sufrimiento, pérdida, enfermedad y muerte de lo que jamás hubiera imaginado. Pero lo he sabido más porque me he involucrado en la lucha por tratar de ayudar a quienes lo necesitan que por el análisis de los números reportados. Eso me ha impedido desensibilizarme ante las cifras y lo agradezco.

Todavía, cada noche antes de dormir, reviso y anoto las estadísticas de las últimas 24 horas, escucho lo que se dijo en la conferencia de prensa y reviso las últimas publicaciones científicas sobre los temas que me parecen relevantes, relacionados con la pandemia, la enfermedad o el virus. Al cierre de este libro, la nueva variante más contagiosa B.1.1.7. del virus SARS-CoV-2, identificada en Reino Unido, disparó el número de casos de manera alarmante. A la fecha, en México se ha detectado en un paciente que viajó de Ámsterdam a Ciudad de México y luego a Tamaulipas. El panorama se prevé oscuro: no se sabe bien a bien qué tanta presencia de esa variante hay en el país debido a que no se está realizando sistemáticamente el tamizaje por secuenciación de las cepas del virus, y a diferencia de Reino Unido, México no ha llegado a controlar el primer brote. Esta cepa llega en un momento crítico para los mexicanos, con los hospitales a punto del colapso, la ciudadanía exhausta del encierro y un avance muy lento en le proceso de vacunación. Lo que le está pasando a Reino Unido es lo que con alta probabilidad nos espera. Además, México es uno de los pocos países que no tiene ningún control en las fronteras: se dejó entrar a la variante libremente. La tendencia de la curva de contagios y muertes es crítica, y comenzará a elevarse gravemente a partir de ahora si la variante comienza a predominar en la comunidad.

Desde mi pequeño rincón en el mundo, hacia adentro, festejo y aplaudo a aquellos países que han logrado rectificar el rumbo frente a su epidemia local y controlar su situación, así como a los que han perseverado en sus esfuerzos por mantener al mínimo sus contagios y muertes durante todos estos meses. Me entristezco y a veces me lleno de rabia por los que iban bien y vuelven a situaciones graves, y, desde luego, por los que, como el nuestro, jamás han disminuido ni controlado el problema.

Ahora, más que nunca, me mantengo extremadamente consciente de que cada cifra es un ser humano, una familia que sufre. Hoy, algunas de esas cifras son amigos, familiares y seres queridos, míos o de personas a las que quiero y aprecio.

Elegí no ser indiferente al dolor de los demás, ser proactiva y asumir la inmensa responsabilidad de un proyecto que me ha obligado a hacer sacrificios personales muy dolorosos para mí; lo he hecho con gusto, con las mejores intenciones y todo eso le ha dado un sentido renovado de trascendencia a mi vida.

En medio del sufrimiento que atestiguo a diario, he sido tocada también por la inmensa generosidad, solidaridad y buena voluntad de tantos a mi alrededor. Escogí dejar este esfuerzo y compromiso personal como mi grano de arena ante este evento trágico en nuestra historia. Espero que algún día, al recordarme, mis hijos encuentren en esta labor un motivo para sentirse orgullosos de su madre. A ellos, Ricardo y Alec, a quienes han muerto de COVID-19 y a las familias mexicanas que lloran a un ser querido dedico este esfuerzo.

1. El inicio de la pandemia en China y el sureste asiático

Todo lo que ha ocurrido desde finales de diciembre de 2019, cuando en China se detectó el virus, hasta el día de hoy era evitable y ha sido consecuencia directa de las decisiones que se han tomado en el mundo.

¿Cómo llegamos hasta aquí?

Empecemos desde el principio.

Un virus infectó a un murciélago, que a su vez infectó a otro animal, cuya especie aún se desconoce. El caso es que ese animal se encontró en China, en un mercado de animales vivos muy atestado, ese tipo de lugares a los que en el mundo anglosajón llaman *wet markets* («mercados húmedos»), donde se amontonan en jaulas animales domésticos y salvajes, especies exóticas, muchas de ellas en peligro de extinción.

Un mercado en el que se apilan animales vivos y muertos, entre la gente y los alimentos a la venta: verdura fresca, huevos, frutas, lácteos… Hay gente comiendo murciélagos, ranas, tejones, serpientes, anguilas y tortugas, en el mismo ambiente en el que se manipula sangre y heces de todo tipo de animales, mientras los preparan para su venta.

Repito, en estos mercados, animales vivos enjaulados sangran, defecan y babean junto a los cadáveres de otros ya sacrificados. Mientras, miles de transeúntes, turistas, compradores, proveedores y comerciantes respiran un aire atestado de microorganismos que no tendrían por qué estar allí. Claro, ya en 2021 y después de más de un año en pandemia y de haber leído sobre la sofisticada tecnología que China puso en marcha para vigilar a sus ciudadanos y mantenerlos confinados y a salvo del virus, lo primero que uno piensa es que estas aplicaciones, estos *software* de reconocimiento facial, drones con cámaras térmicas, robots desinfectantes, sistemas de rastreo de teléfonos y cascos inteligentes, por nombrar solo una parte de la parafernalia implementada por el gobierno chino, no empatan con los mercados en condiciones de salubridad tan precarias como el que acabo de describir.

Cito un artículo de *The New York Times* que lo explica de forma muy clara: los murciélagos son «planetas en sí mismos, repletos de ecosistemas invisibles de hongos, bacterias y virus. Muchos de los virus que se multiplicaron dentro de los murciélagos han circulado entre sus anfitriones durante miles de años, si no más. Usan las células de los murciélagos para replicarse, pero rara vez causan enfermedades graves. Por mutaciones fortuitas y el frecuente intercambio de genes, un virus había adquirido la capacidad de infectar las células de ciertos mamíferos además de los murciélagos, en caso de que alguna vez surgiera la oportunidad».

En estas condiciones que describo, pasó lo que pasa siempre con cualquier infección zoonótica, las que en principio aquejan a los animales y cuyos agentes patógenos pueden transmitirse a los humanos. De hecho, la mayoría de las enfermedades infecciosas emergentes son zoonóticas, originadas en mamíferos salvajes que han sido el trampolín necesario para que virus como VIH, Ébola o SARS se expandieran por el planeta. Esto fue exactamente lo que provocó la actual pandemia. O sea, un microorganismo que brincó a un ser humano que, a su vez, fue infectado y comenzó a transmitirlo.

Esto no estaba predestinado. Podía evitarse: tener esos mercados en esas condiciones de higiene era el caldo de cultivo perfecto para que esto sucediera.

UN CABALLO Y UNA BALLENA

De forma natural, hubiera sido virtualmente imposible que un murciélago y un pangolín se encontraran. El problema es que en China mucha gente come pangolines, ese pequeño mamífero recubierto de escamas y que parece un armadillo. Pero esto no debería suceder: me refiero a que este animal salvaje no debería comercializarse ni consumirse porque está clasificado como una especie en peligro de extinción. Leyes más estrictas que incluyan la veda de animales salvajes que presentan mayor riesgo zoonótico, como murciélagos, roedores y simios, podrían ser un primer paso para evitar nuevos desastres ecológicos y sanitarios como en el que hoy estamos inmersos.

Ya en 2017, un estudio de la revista *Nature*[5] mostraba que los murciélagos albergan una proporción significativamente mayor de virus zoonóticos que cualquier otro tipo de mamíferos. También probaba que la mayoría de estas infecciones eran predecibles si se establecían programas de vigilancia pandémica adecuados, sobre todo en regiones como Latinoamérica y ciertas partes de África, consideradas terreno fértil para este tipo de enfermedades.

Unos cuatro meses después, la misma publicación científica difundía una base de datos global de enfermedades infecciosas emergentes en la que se alertaba sobre las zonas con riesgo zoonótico elevado: regiones tropicales boscosas que habían sufrido deforestación y cambios en el uso de la tierra, y donde la biodiversidad era alta. En este mapeo figuraban como «zonas calientes» China y el sureste asiático, partes de India y de Latinoamérica.[6]

Hablamos, además, de China, un país en el que su actual legislación, laxa o ambigua, abre la puerta al tráfico de criaturas exóticas: de hecho, allí se paga buen dinero por pescar tiburones, de los que solo se aprovechan las aletas, o por el marfil de los colmillos de elefantes provenientes de África o India, solo por mencionar dos especies en medio del cúmulo de animales que interesan a muchos por su carne, pelaje o supuestas propiedades medicinales.

Y repito, este encuentro desafortunado entre el pangolín, el murciélago y el ser humano no debería haber sucedido. Para que se den una idea: es como si una ballena hubiera infectado a un caballo.

¿Cómo diablos sucede esto? Muy fácil, esta infección solo puede ocurrir cuando se está en presencia de un desarreglo ecológico como el que menciono. Cuando el hombre ha destruido ecosistemas y traficado animales que solo pertenecen a su hábitat natural.

Vuelvo a insistir: el origen del virus era inevitable, todo lo que ocurrió después no.

El pangolín no tuvo que enfermarse y luego infectar al ser humano. Y en este punto aclaro que todavía no hay evidencia que, fuera de toda duda, apunte al pangolín como el vector que hizo falta para que el primer ser humano se infectara.

Mientras escribo estas líneas, a principios de noviembre de 2020, la Organización Mundial de la Salud (OMS) anunció una misión en China para investigar cómo nació la pandemia.[7] Esto, claro, a casi cuatro meses de retraso y negociaciones discretas con un gobierno siempre receloso de los extranjeros que llegan a meter sus narices.

Al mismo tiempo, hay quienes dudan de que el mercado de Huanan en Wuhan haya sido la «zona cero» de la pandemia. Se analizaron 336 animales de ese mercado y ninguno dio positivo para SARS-CoV-2, pero en las aguas residuales de la zona sí se encontraron restos genéticos del patógeno.

Si no fue el mercado de Wuhan en específico, fue en otra zona donde animales arrancados de sus hábitats e infectados previamente por un murciélago se mezclaron con seres humanos, lo que dio inicio a la cadena de contagio que culminó en esta crisis sanitaria global a la que asistimos.

Y, en este punto, va un comentario para quienes vivimos en México: aquí, hay 15 especies endémicas de murciélagos, esto vuelve a nuestro país el primer lugar en diversidad en el mundo, por concentrar la mayor cantidad de especies únicas de este tipo de mamífero volador. Aproximadamente 10% de todas las especies conocidas de murciélagos habita en México.[8] Son datos que merecen una gran reflexión si lo que se busca es evitar que una pandemia como la que nos azota hoy vuelva a suceder en el futuro.

La cuestión es que a finales de 2019, en China, empezaron a presentarse unos pocos casos de una enfermedad muy extraña, severa, con alto índice de mortalidad y que nadie identificaba con alguna enfermedad respiratoria conocida.

En noviembre de ese año, algunos médicos hicieron sonar las alarmas y el gobierno chino decidió silenciarlas. Los contagios se diseminaron, se extendió la epidemia y la gente comenzó a morir. Esto no estaba predestinado. Fue la consecuencia directa de las decisiones tomadas por el gobierno chino que, al ver la situación, debió avisar a las autoridades sanitarias internacionales. Pero se tardó en hacerlo.

Así, el virus salió de China con el primer ser humano infectado que tomó un vuelo hacia el extranjero. Y esto, insisto, sí era evitable.

No tardaron en detectarse los primeros casos de esta infección fuera de China. Las autoridades sanitarias mundiales recibieron este aviso, pero tardaron en tomar medidas. Cuando finalmente lo hicieron, su reacción fue tibia.

Ya había contagios por todas partes y los gobiernos de cada nación decidieron, al ver la vacilación de las autoridades sanitarias internacionales, que sus respuestas también podían ser tibias. Algunos jefes de Estado parecieron pensar: «A lo mejor aquí ni llega y me puedo ahorrar el cierre de fronteras y demás dolores de cabeza». Son decisiones complicadas, ¿no? Tardaron en tomarse y, cuando finalmente se hizo, fueron insuficientes.

Como tantos otros problemas complejos, la pandemia requiere la toma de decisiones riesgosas. Por el efecto que podían tener, solo podían ser tomadas por los jefes de Estado. Se necesitaba que estadistas con gran visión tomaran esas decisiones difíciles. Y se necesitaba valor para asumir el riesgo, el riesgo de equivocarse y convertirse en el hazmerreír del mundo.

La presidenta de Taiwán, Tsai Ing-wen, sí asumió las decisiones que en China tardaron en tomarse y que México, directamente, nunca hizo suyas.

Hablamos de una pequeña isla, casi pegada a China, que depende enormemente del tráfico de mercancías y personas que vienen y van desde y hacia ese gran país. En Taiwán se tomaron las decisiones difíciles y riesgosas con el valor y la visión que se necesitaba.

Ellos reportaron su primer caso de COVID-19 el 21 de enero de 2020. Al 28 de diciembre, en Taiwán solo se han registrado siete muertes. Allí no tienen que preocuparse por cuántas camas o ventiladores tienen. Se ahorraron un costo infinitamente más alto, en vidas, en términos económicos y en todo lo demás.

Y un último párrafo sobre el espíritu de respeto al prójimo, que reina en la cultura asiática y que Occidente debería adoptar, sobre todo en lo relativo al uso del cubrebocas: el uso masivo de este dispositivo es una medida efectiva y barata que complementa «la distancia social y el lavado de manos» en esta crisis sanitaria, decía ya en abril de 2020 un artículo escrito por tres científicos orientales y publicado por *The Lancet*. Esta medida ha cambiado el eje de la discusión: así se pasa «de la autoprotección al altruismo, e involucra activamente a cada ciudadano, como símbolo de solidaridad social en la respuesta global a la pandemia».[9]

SE PUDO HABER CONTROLADO

Cazadora de microbios, como suelo definirme, llevaba una vida relativamente tranquila al frente del Laboratorio de Genética Molecular de la Facultad de Odontología de la UNAM cuando empecé a leer las primeras noticias sobre un virus en Asia. Era enero de 2020 y supe enseguida que, a diferencia de la epidemia de SARS, la cual afectó a varios países asiáticos en 2002, este brote iba a ser muy difícil de contener.

Cinco días más tarde, el 12 de enero de 2020, a una velocidad irreal, China dio a conocer la secuencia genómica del virus causante de la enfermedad por COVID-19 y a los pocos días reveló un método molecular para detectarlo. Por aquel entonces era un método engorroso, realizado por medio de la técnica de RT-PCR (reacción en cadena de la polimerasa con transcriptasa reversa), del cual se derivó, casi en seguida, el Protocolo de Berlín —test de diagnóstico adoptado masivamente en todo el mundo, diseñado en el laboratorio que dirige el virólogo estrella de Angela Merkel—, pero la velocidad con la que China tomó las riendas del problema fue sorprendente.

El 9 de enero de 2020, se reportó el primer fallecimiento por COVID-19 en China y cuatro días más tarde Tailandia dio aviso de su primer caso. Muy pronto, otros países como Japón, Corea del Sur, Nepal, Vietnam, Singapur, Australia, Estados Unidos, Hong Kong, Francia, Malasia y Canadá informaron sobre la presencia de los primeros casos importados en sus territorios. A pesar de ello, siguiendo las recomendaciones de su Comité de Emergencia, el 23 de enero, el Director General de la OMS, Tedros Adhanom Ghebreyesus, tomó la decisión de no declarar la dispersión de COVID-19 como una emergencia mundial de salud pública.[10]

Mucho se ha discutido sobre la respuesta de la OMS durante la pandemia y particularmente en las etapas iniciales. A pesar de los esfuerzos más recientes por defender sus decisiones, sus llamados tempranos a la comunidad internacional fueron tardíos y tibios.

Un mes después del aviso por parte de las autoridades chinas, con casos reportados en cuatro continentes, la OMS finalmente declaró la emergencia, pero no fue hasta el 9 de marzo cuando decidió declararla oficialmente pandemia; habían ya más de 110 países que en conjunto reportaban alrededor de 113 000 casos y cerca 4 000 defunciones.

En este punto retrocedamos un poco en el tiempo para aclarar algunas cuestiones: como narré al principio de este libro, en el origen de esta pandemia no hubo ninguna conspiración del Partido Comunista Chino, ni manipulación de virus, ni virus sintéticos creados en un laboratorio de ingeniería genética, ni el absurdo de haber sido propagado por antenas de la red 5G o extraterrestres. Al día de hoy, hay un gran consenso entre los científicos internacionales para convenir que el SARS-CoV-2 es producto de la evolución natural.

Esto quiere decir que, tal como ocurrió con el VIH, que saltó de un simio a un humano, el virus que provoca COVID-19 brincó de un huésped no humano a una persona. Todavía no está claro cómo se produjo este salto, ni si el virus estaba en su versión patógena antes de saltar a los humanos o si se volvió patógeno entre la población humana. Saberlo, indica la revista *Nature*, ayudaría a prevenir futuras pandemias como la que vivimos actualmente.

Lo que sí se sabe es que algunos pájaros y mamíferos como los murciélagos, las civetas, los camellos o el ya famoso pangolín alojan naturalmente múltiples coronavirus. En los humanos hay siete clases de coronavirus conocidos que pueden infectarnos. Cuatro de ellos (HKU1, NL63, OC43 y 229E) provocan distintas variedades del resfrío común. Y otros tres, de aparición reciente, producen trastornos mucho más mortíferos, como el síndrome respiratorio agudo y grave (SARS), surgido en el año 2002; el síndrome respiratorio de Medio Oriente (MERS) (de 2012), y COVID-19, cuyo primer brote se reportó en diciembre de 2019.

Una característica de este microorganismo es que concentra su primer ataque, cuando aún no se le detecta, en el tracto respiratorio superior de la persona infectada, desde la nariz a la garganta, donde se reproduce velozmente. A partir de ese instante, la persona contagiada, que no siente nada, se transforma «en una potente bomba bacteriológica y empieza a diseminar en su entorno» —simplemente al hablar o al respirar— el virus SARS-CoV-2.[11]

Solo una minoría de las personas infectadas sufre el segundo ataque del patógeno, enfocado esta vez en los pulmones, de manera similar al SARS de 2002 (aunque la carga viral del nuevo coronavirus es mil veces superior a la del SARS), lo que provoca trastornos microvasculares caracterizados por alteraciones inflamatorias y de la coagulación que resultan en daños a diferentes órganos y tejidos, incluyendo neumonías que pueden llegar a ser fatales, sobre todo en personas de edad avanzada con enfermedades crónicas.

En fin… Como dije, la pandemia se pudo evitar.

El problema es que muy pocos países actuaron lo suficientemente temprano, como Hong Kong, Taiwán, Corea del Sur, Nueva Zelanda y Vietnam.

En Nueva Zelanda, Jacinda Ardern también tomó muy pronto decisiones más agresivas, adelantándose a otros países desarrollados, como el confinamiento para toda su población durante un mes y el cierre total de las fronteras del archipiélago. El objetivo central de la primera ministra neozelandesa fue buscar la «eliminación» de la enfermedad, en lugar de la «mitigación» que se aplicó en muchos otros países, México incluido.

El fin último de la premier de este país insular era aniquilar la curva, no solo aplanarla. No le importó que se le criticara o que se arriesgara a cerrar vuelos y rutas comerciales, y convertirse en un mal chiste si finalmente se comprobaba que lo del virus no era tan grave como se anticipaba.

Hablamos, claro, de Nueva Zelanda, una nación desarrollada —ni más ni menos que la quinta más rica del mundo, si tomamos en cuenta su PIB (41 945.33 dólares per cápita, contra 9 601 dólares per cápita de México)—[12] cuyos habitantes gozan de una alta calidad de vida, educación, protección de las libertades civiles y libertad económica, entre otros aspectos.

Ahora tomemos el caso de Vietnam, el *underdog* (en inglés, el que tiene pocas probabilidades de ganar), un país mucho más pobre que México, densamente poblado (95 millones de habitantes), bajo el yugo político-económico de China, superpotencia con la que comparte, además, una porosa frontera de 1 400 kilómetros de largo, y que justamente fue donde se originó la pandemia. Si a eso le sumamos que Vietnam es un país sin infraestructura hospitalaria ni científica, la probabilística indicaba que el virus saltaría desde China en un santiamén y que en pocas semanas gran parte de este Estado comunista iba a estar infectado.

Con todo y eso, el gobierno vietnamita lo entendió bien desde el principio: sabía que si el virus se salía de control, iban a morir demasiados.

Vietnam fue uno de los primeros países en prohibir los vuelos desde y hacia China —luego cancelaría todos los vuelos internacionales—, y, cuando en febrero apenas tenía 10 positivos confirmados, confinó a todos los pueblos cercanos a Hanói.

Luego de que la OMS declarara, por fin, la pandemia, el gobierno de Nguyen Phu Trong fijó una cuarentena obligatoria para todo aquel que ingresara a ese territorio, previa entrega de detalles sobre sus contactos y viajes, y la firma de una declaración jurada —si alguien miente, puede recibir sanciones—. Además, manejaron bien la migración interna, implementaron el aislamiento obligatorio de los casos positivos y llegaron a hacer 40 000 pruebas por cada caso nuevo confirmado, por medio de una agresiva cacería de contactos.

¿Queda claro? No se escatimó en gastos de diagnóstico: todo aquel que presentaba fiebre era testeado de inmediato y aislado forzosamente si resultaba positivo.

Para ser claros, si haces 40 000 pruebas diagnósticas de CO-VID-19, quiere decir que estás rastreando los contactos de los infectados, sus contactos, los contactos de los contactos de los contactos y así... El corolario vietnamita es bastante elocuente: en enero de 2020, con apenas dos casos de COVID-19, el gobierno selló las fronteras. Al 28 de diciembre, tienen 35 muertos y 1 451 casos. Una cifra mínima si se contrasta con la suerte de los más de 134 000 mexicanos fallecidos por COVID-19 al día de hoy.

Claro, hablamos de un Estado unipartidista que puede movilizar toda la fuerza pública y la milicia para hacer cumplir la cuarentena y el resto de las medidas que allí han probado ser exitosas. De hecho, muchas organizaciones de derechos humanos han acusado a los gobiernos de China, Vietnam y otros países asiáticos de erosionar la democracia y el respeto por las libertades civiles con la excusa de la pandemia. Además de incentivar la delación y vigilancia entre la sociedad civil, con el fin de denunciar a quienes no cumplan la cuarentena.

Como me referiré a ello más adelante, a quienes ponen sobre la mesa el «uso de la fuerza» como única opción posible al libre albedrío (y libre contagio) solo les diré que se trata de una falsa dicotomía, como lo demuestra el caso de Nueva Zelanda, una democracia en la que hubo un alto índice de acatamiento de las órdenes gubernamentales durante los primeros meses de la pandemia. Además, el gobierno de Vietnam salió airoso en la prueba de «convencer al público de que la cooperación es la clave del éxito», dijo a la BBC Takeshi Kasai, el director regional de la OMS para el Pacífico Occidental, refiriéndose al fuerte aparato comunicacional que el país comunista desplegó para informar a la población sobre los riesgos por COVID-19.

Por otro lado, en relación con los asintomáticos, en Vietnam, si careces de síntomas de COVID-19, pero la prueba te da positivo, significa que estás contagiando. Entonces no te mandan a tu casa, sino a un centro de aislamiento, te retiran de la población infectante. Así es como se cortan verdaderamente las cadenas de infección.

Se calcula que una persona contagia a otras tres. Y se calcula también que 40% de las personas infectadas con COVID-19 son asintomáticas verdaderas, lo que es un porcentaje muy alto. El otro 40% son personas que se consideran presintomáticos: durante un tiempo no presentan síntomas y luego sí, pero mientras contagiaron a mucha gente. En definitiva, en este 80 % que representa la tasa total de «asintomáticos» tenemos a 40 % que infecta todo el tiempo, hasta que se cura, y otro 40 % con la capacidad de contagiar por unos siete días —se calcula que entre 10 y 20 días es la duración promedio de la enfermedad dependiendo del sistema inmune de cada persona—. En personas con inmunosupresión grave, por tratamiento de cáncer por quimioterapia, por ejemplo, se ha registrado que puede durar entre 30 y 45 días. La infección viral se da por terminada cuando ya no es posible detectar el virus en una muestra, analizada por PCR. Y un punto importante en todo esto es que ahora sabemos que, mientras el virus aún es detectable en ese tipo de pruebas, la persona, además de seguir infectada, sigue infectando.

Por otro lado, lo que se denomina «carga viral» no está relacionado con cuánta gente infectas, sino con cómo las infectas. Así, una carga viral alta, algo frecuente entre los médicos, enfermeros y otros trabajadores hospitalarios infectados en sus lugares de trabajo, garantiza la infección de una persona a otra. En cambio, ante una carga viral baja es posible que la otra persona no se contagie. No se trata de quién contagia más, sino con cuánta efectividad lo hace. Lo frustrante de todo esto es que se ha manejado un discurso equivocado que le hace creer a la gente que con el tiempo esto se va a arreglar.

El tiempo no va a solucionarlo, de hecho, con cada mes que pasa se eleva aún más la carga viral comunitaria y se incrementa el riesgo de que se presenten mutaciones.

Como vimos, esto quiere decir que la probabilidad de que una persona se infecte es, con el correr de los meses, cada vez mayor. Y se está repitiendo lo de la gran pandemia de 1918 a 1920, cuando en la primera oleada murieron ocho millones y en la segunda 30 millones. Y en este punto la clave son las medidas de prevención del contagio, como los cubrebocas, que funcionan si se usan correctamente.

Otro punto por aclarar: el paciente diabético, con hipertensión, el anciano, el joven, el atleta, el bebé, todos tienen la misma susceptibilidad a infectarse, lo que difiere en cada caso es cómo responden a la infección, lo que está directamente en relación con el riesgo de complicación y muerte. Es importante, además, diferenciar la tasa de mortalidad, que se calcula tomando como referencia la población total, de la de letalidad, la cual solo considera a las personas infectadas por una determinada enfermedad. Hoy, el índice de letalidad de COVID-19 a nivel mundial es de 2.2%, que es un montón de gente cuando tienes millones de infectados.

Y hay que considerar la letalidad en el contexto de la contagiosidad. Pensemos, por ejemplo, en el Ébola, cuya tasa de contagio es muy baja. Tomemos en cuenta, además, que 70% de la gente que contrae Ébola muere, lo que es un porcentaje muy alto. La diferencia entre el Ébola y el COVID-19 es que el primero no se esparce por el mundo porque, mientras no haya síntomas, la persona infectada no contagia. Y, si ya está grave, se encuentra postrada en una cama, con lo que se reduce muchísimo su contagiosidad.

La transmisión asintomática del SARS-CoV-2 es el talón de Aquiles de los esfuerzos para controlar la pandemia de COVID-19, declaraba en abril de 2020 un artículo científico en el que se mostraba que las personas sin síntomas están desempeñando un papel importante en la transmisión del virus.[13] Así que, a diferencia del Ébola, o incluso de virus similares al SARS-CoV-2, como SARS-CoV-1, en los que la transmisión asintomática es baja, en el caso de COVID-19 puedes estar infectado y carecer de síntomas. Haces tu vida normalmente, mientras contagias a medio mundo.

La solución a esto es cortar las cadenas de contagio realizando suficientes pruebas diagnósticas para detectar a los casos asintomáticos, rastrear a todos sus contactos y establecer un aislamiento selectivo de cada caso positivo. O sea, precisamente lo que en México las autoridades se han negado a hacer durante cerca de un año. Aquí se dijo no acudir al hospital hasta que el enfermo se sintiera ya muy mal; lo que propició la dispersión de los contagios y que al llegar al hospital fuese demasiado tarde para ayudar.

En nuestro país, la mayor proporción de contagio se da intrafamiliarmente, o sea, hay familias enteras que se infectan porque uno de sus miembros infectado no fue aislado.

Volviendo entonces a la población de mayor riesgo frente a la infección por COVID-19, los niños menores de dos años son los que tienen más riesgo de morir y, en el otro extremo, los adultos mayores. Ambos grupos, cada uno en el extremo opuesto de la edad biológica, presentan más riesgos que los que se encuentran en la mitad. Esto tiene que ver con el sistema inmunológico: muy joven e inmaduro, en el caso de los menores de dos años, y muy debilitado en los ancianos.

En cuanto a China, al principio de la pandemia la actitud de sus autoridades recuerda un poco a la que reinó durante el desastre nuclear en Chernóbil: si no hacemos nada, tal vez el problema no se agrave. Después de dejar pasar un tiempo precioso sin tomar medidas enérgicas, el gobierno chino finalmente decidió tomar el toro por los cuernos. Por fortuna, todo lo que siguió se hizo extraordinariamente bien.

Entre enero y abril, todo el país se detuvo por completo y sus habitantes se guardaron en sus hogares siguiendo las órdenes del gobierno.

Hoy, no bien se sabe de algún brote en un pueblo, o incluso cuando son simples sospechas, lanzan todos sus esfuerzos para bloquear esa localidad, realizan millones de pruebas y hasta que todo quede controlado nadie puede seguir con su vida. En un territorio donde conviven 1 439 millones de habitantes, solo se registran 4 634 decesos (tres por cada millón de habitantes, en México, hasta el 28 de diciembre se registraban 948 decesos por millón de habitantes), la mayoría en Hubei, la región donde está Wuhan. En este punto, ante quienes señalan que estas cifras son dudosas puesto que son difundidas por un gobierno autoritario y poco afecto a la transparencia no puedo más que apuntar que, en México, un país supuestamente democrático, ha sido imposible tener estadísticas fiables. A pesar de que nuestro vocero de la pandemia, el doctor Hugo López-Gatell, ha repetido que esta crisis sanitaria es un «fenómeno inconmensurable», cabe destacar que es posible tener números confiables en cualquier país, sin importar la gravedad y extensión de sus contagios, e independientemente de la densidad de población con la que cuente.

Lo cierto es que, en China, una vez dominado el virus en Wuhan, el progresivo regreso a la «nueva normalidad» consistió en medidas como los controles con códigos QR, que funcionan para aplicaciones de teléfonos inteligentes. Nada de esto es voluntario, como hoy sucede en México, donde solo los comercios formales pueden contar con este sistema, mientras que cientos de miles de puestos callejeros de comida o mercados carecen de este sistema que solo apunta a alertar a quien se inscribió —voluntariamente, repito— de algún caso de COVID-19 en el local donde estuvo previamente.

Finalmente, China sigue obligando a quienes se trasladan de una ciudad a otra a realizar cuarentenas de 14 días, lo que queda validado en el código QR, que debe estar en verde para poder visitar, luego del confinamiento de rigor, restaurantes y centros comerciales.

EL OTRO *UNDERDOG*

Vale la pena comentar el caso de África. En muchas partes de este continente, y contrario a lo que se esperaba, están logrando controlar muy bien la pandemia. Resulta que, precisamente porque saben que no tienen los recursos ni los medios para manejar el problema si se les sale de control, han instituido medidas muy efectivas de prevención del contagio para su población, con estrategias poco costosas, como el uso correcto del cubrebocas.

En África, además, tienen las amargas experiencias de múltiples epidemias y brotes devastadores, como los más recientes de Ébola, y han aprendido bien a «controlar» la transmisión entre personas. Son un caso interesante que ha dado sorpresas muy alentadoras. Las predicciones iniciales iban en el sentido de que serían la última región en ser azotada y terminaría siendo la más devastada, pero lo han hecho bien, incluso con lo poco que tienen.

¿Cómo lo hicieron?

Veamos. El 14 de febrero, Egipto reportó el primer caso de COVID-19. Mientras Europa dormía el sueño de los justos, África estaba en alerta máxima y, en varios aeropuertos del continente, personal con cubrebocas tomaba la temperatura a los pasajeros. Un dato importante: los análisis genómicos revelarían luego que la mayoría de las infecciones que llegaron a África no venían de China, sino de Europa.

África sabía que, si en el norte desarrollado los cadáveres se apilaban en las morgues, el continente africano no tendría ninguna oportunidad. Como indica un artículo del *Financial Times*, exceptuando un puñado de países como Sudáfrica y Egipto, este continente de 1 300 millones de personas carece de unidades de terapia intensiva, aunque el equipamiento hospitalario sofisticado no iba a ser la clave para manejar la pandemia, incluso en los países ricos. De todos modos, hay un dato que causa congoja: el estado más joven del continente, Sudán del Sur, que ha pasado por una sangrienta y larga guerra, cuenta apenas con cuatro respiradores.

En fin. Lo que importaba aquí era la intervención temprana. Se compraron tests en Alemania y, para fines de febrero, 42 países africanos ya estaban en condiciones de testear COVID-19.

Digamos que, en casi todos los aspectos, África está en desventaja respecto a los otros continentes, Latinoamérica incluida. Sin embargo, tiene un alto kilometraje en cuanto a enfermedades infecciosas, como tuberculosis, cólera, malaria y VIH. Está entrenada en este tipo de brotes.

No entró en pánico el continente. Y se organizó. Antes de que se confirmara el primer caso de COVID-19 en el África subsahariana, *todos* los secretarios de salud del continente se reunieron en Etiopía.

Para finales de marzo, el nuevo virus había golpeado a unos 40 países africanos, pero las cifras de infecciones eran relativamente bajas y el entusiasmo por frenarlas muy alto. Ruanda, por ejemplo, fue uno de los países que se mostró más agresivo en la lucha contra el COVID-19. Canceló todos los vuelos provenientes de China y para marzo ya había cerrado todas sus fronteras, incluidos los aeropuertos, y comenzó un confinamiento entre la población. Sudáfrica hizo algo similar: antes de que sucediera el primer deceso en ese país, ordenó una feroz cuarentena y prohibió la venta de alcohol.

Para fines de mayo, casi la mitad de los habitantes de Etiopía —con casi 110 millones— había sido revisada con medidas simples, como cuestionarios sobre su historial de viaje y la toma de temperatura. «Esta no es una enfermedad que se combate en terapia intensiva. La única forma de ganarle es enfocarse en la prevención», dijo un funcionario etíope entrevistado por el *Financial Times*, con quien estoy de acuerdo.

El lavado de manos se volvió religión, tal como ocurrió con el brote de Ébola que sacudió a parte del continente africano entre 2013 y 2016. E incluso, en un país donde la mayoría de la gente no está bancarizada, se desalentó el uso de dinero en efectivo mediante una serie de aplicaciones e iniciativas por parte de empresas privadas.

Claro que no todos los mandatarios africanos se portaron bien: negando el problema que tenía enfrente, el presidente de Tanzania le ordenó a su pueblo que trabajara y se reuniera como de costumbre. Enseguida, muchos tanzanos empezaron a sucumbir a causa de la pandemia.

Por supuesto, el virus se expandió. Los decesos se concentraron en el norte del continente y en Sudáfrica, donde ocurrió la mitad de las muertes. Para septiembre de 2020, en ese último país se registraban más de 16 000 fallecimientos. Pero, a medida que el hemisferio sur del continente entraba en el verano, la epidemia empezó a ceder y las infecciones bajaron de forma contundente.

Una explicación de por qué hubo más muertes en Sudáfrica es que su población es mayor y tiene más tendencia a padecer diabetes y enfermedades coronarias. Otra explicación que se maneja es que, al haber sido previamente expuesta a otros virus, la vulnerabilidad de la población africana se ha reducido.

La clave fue la estrategia de contención que casi todo el continente puso en práctica. «Actuaron antes de siquiera tener un problema», dijo Peter Piot, director de la Escuela de Higiene y Medicina Tropical de Londres, entrevistado por el *Financial Times*.[14]

Ejemplos sobre qué hacer ante una pandemia como la de COVID-19 hay. Y, aun así, hubo países que se negaron a actuar, o lo hicieron demasiado tarde.

2. Primera oleada de contagios en Europa y Estados Unidos

Cuando el virus salió de China, casi inmediatamente hubo casos en Australia, Nueva Zelanda y otros países del sureste asiático. Hubo una falsa sensación de seguridad en Europa, debido a que el virus parecía presentarse solo en esa zona del mundo, y esa sensación se reforzó durante el tiempo en que en Francia no hubo más que unos cuantos infectados.

Pero eso les costó muy caro a los demás países.

Porque si Europa hubiera cerrado sus fronteras, y anticipado el problema que venía, habría reducido la magnitud de la catástrofe y miles de vidas se hubieran salvado. Pero su respuesta fue tardía e insuficiente.

En África, los primeros contagios provinieron de Europa. En la costa este estadounidense, los primeros casos de COVID-19 también vinieron del Viejo Mundo —en la costa oeste, en cambio, se detectaron cepas del virus asiático—. De ahí en adelante ocurrió un efecto dominó a escala mundial que nadie previó. Y, sin embargo, las señales eran clarísimas.

Lo peor es que hubo tiempo para prepararse.

El primer caso de COVID-19 en Europa se detectó el 24 de enero, en Francia. Para finales de febrero, el virus también se había extendido por Italia, convirtiendo a Europa en el epicentro de la pandemia. Pero los países europeos tardaron en reaccionar y no cerraron sus fronteras ni el tránsito interno en sus territorios. Ese fue su mayor problema.

España y Francia se fueron de la mano; mientras que Alemania hizo todo distinto.

Desde el principio, Alemania controló sus tasas de letalidad, que siempre han sido las más bajas de todo el mundo, incluso antes de que se supiera que la atención temprana era importante. Entre los factores que pueden explicar esto están los tests masivos y una gran capacidad hospitalaria: 8.3 camas por cada 1 000 habitantes, que contrastan con las 2.2 por cada 1 000 habitantes en Latinoamérica, según la BBC.

Además, el país se preparó para la epidemia antes de que se detectara el primer caso importado, que llegó en enero de 2020: un hombre alemán que estuvo en contacto con una ciudadana china asintomática, quien había estado en Baviera. Ante ese caso, se inició toda una cadena de rastreo de contactos a conciencia, y a todas las personas identificadas se les realizaron pruebas diagnósticas. El aislamiento de infectados fue otra de las medidas que más tarde serían responsables del éxito de Alemania en el combate al virus.

Merkel y Drosten: dúo poderoso

Hablemos más a detalle de la estrategia emprendida por el país gobernado por la canciller Angela Merkel, otra líder que, no me voy a cansar de repetirlo, estuvo a la altura de las circunstancias. Hasta aquí ya vamos por ¡tres valientes mujeres!

Su virólogo estrella, Christian Drosten, director, como ya dijimos, del laboratorio que creó el primer método por PCR para la detección del virus, es un personaje popular y respetado en su país. A diferencia de otros científicos que llevan en sus países las riendas de la lucha contra el COVID-19, como Anthony Fauci, menospreciado por el ahora exmandatario de su país, Donald Trump, Drosten cuenta con la confianza y el aval de Merkel, quien en público ha manifestado estar «encantada» de contar con este científico.

El pódcast que Drosten difunde a diario, «Das Coronavirus-Update», encabeza la lista de pódcast más populares en Alemania y en Austria. Y no es un hecho menor su tendencia a reconocer errores públicamente y corregir su estrategia anti-COVID cada vez que lo juzga necesario.

«No lo pensé a fondo», expresó en abril de 2020, tras cambiar de idea en relación con el cierre de escuelas, que al inicio de la pandemia no era una medida importante para él.

Otro dato importante: su puesto no solo no es político e independiente de cualquier gobierno o partido, sino que su cátedra es de por vida. Su cargo no depende entonces de adular a sus jefes o de seguir las órdenes presidenciales.

En una entrevista realizada en septiembre por el canal de televisión alemán DW, Drosten afirmó que los ciudadanos de su país se convirtieron en un modelo a seguir por su manejo de la pandemia; entre otras razones por «la acción directa y decisiva al principio de la primera ola» emprendida por Merkel.

Otro de los motivos por los que Alemania se tomó en serio la pandemia desde el primer momento fue que «sabíamos de nuestra epidemia por las pruebas de laboratorio», creadas en el Instituto de Virología del prestigioso Hospital Charité de Berlín, que dirige Drosten. Cabe destacar que este científico es uno de los tres hombres de ciencia que descubrió el virus del SARS-CoV-1, otro tipo de coronavirus que entre 2002 y 2003 afectó a unas 8 000 personas en 30 países y causó 800 decesos.

A su vez, «la amplia disponibilidad de estas pruebas» también ubicó a Alemania en la vanguardia de la lucha contra el COVID-19. De hecho, allí reside la clave de la bajísima tasa de letalidad de este país: «El motivo por el que en Alemania tenemos muchos menos fallecimientos que en Italia o España tiene que ver con la cantidad de diagnósticos en laboratorio que estamos haciendo aquí, con la cantidad de tests PCR que nos permiten tratar a los pacientes en la primera semana de contagio, cuando el virus es todavía combatible», declaró Drosten, citado por el periódico español *ABC*, en abril de 2020, cuando todavía las imágenes dramáticas de los enfermos y muertos en Italia, y del personal hospitalario al límite de sus fuerzas inundaban las pantallas.

Y cuando este científico habló de combatir el virus en cada infectado, se estaba refiriendo a la atención temprana, no a cuando ya la salud del enfermo se encuentra tan comprometida que solo queda intubarlo —si hay respiradores disponibles— y ponerse a rezar.

Otra explicación es que la pandemia aterrizó en Alemania un poco más tarde que en otros países de Europa. Los primeros casos importados, que llegaron a ese país a finales de enero, se mantuvieron controlados en lugar de seguir extendiéndose. Después de las medidas de confinamiento y bloqueo de fronteras, que se extendieron hasta mediados de mayo, solo hubo unos pocos casos en Alemania. Claro que estas cifras comenzaron a subir ligeramente entre noviembre y diciembre, pero solo quedaron unos pocos casos en Alemania y así ha permanecido hasta ahora.

Al 28 de diciembre, Alemania tiene 31 176 decesos, lo que en una población de casi 84 millones representa 372 defunciones por millón de habitantes. Indiscutiblemente no es la historia de éxito de Australia, Nueva Zelanda y muchos países del sureste asiático, pero el esfuerzo ha dado mejores resultados que en Bélgica (1 656 defunciones/millón), Italia (1 198), España (1 072), Reino Unido (1 045), Francia (966), Suecia (817).

Como corolario, Drosten anticipó, en septiembre de 2020, que en su país los cubrebocas deberían seguir utilizándose durante gran parte de 2021, puesto que aún no se sabe en qué medida estarán disponibles las vacunas para toda la población alemana. Y se manifestó preocupado por el duro invierno que terminará, apenas, a finales de marzo.

MODELO BRITÁNICO

Con lentitud y reticencia, en marzo de 2020, semanas más tarde del primer caso detectado en el continente, toda Europa aprobaba medidas de distanciamiento social y prohibía las aglomeraciones. Pero había un país que hacía caso omiso a estas recomendaciones: Reino Unido. Los encuentros deportivos estaban cancelados en todo el continente, pero los partidos de futbol de la Premier League seguían agendados.

Su primer ministro Boris Johnson, que poco después fue internado en terapia intensiva por COVID-19, refrendaba la política sanitaria de Matt Hancock, su secretario de Estado para la Salud y la Asistencia Social, que básicamente consistía en lograr la «inmunidad de rebaño». Este término, sobre el que volveré más adelante, es un cálculo de salud pública que se refiere a la vacunación, no a permitir deliberadamente la infección natural de las personas para lograr que una proporción de la población tenga inmunidad, confiriendo así protección relativa al resto.

De ahí que, el concepto de inmunidad de rebaño surge a partir de querer hacer estimaciones para determinar a qué porcentaje de la población es necesario vacunar.

Esto depende de la tasa reproductiva del virus y de su contagiosidad. Para COVID-19 hasta ahora el cálculo para alcanzar la inmunidad de rebaño es de 65 y 75%, pero con la identificación reciente de las variantes del virus CoV-2 en Reino Unido y Sudáfrica que parecen ser varias veces más contagiosas, este cálculo ha subido a 85-90%. Con la polio, en cambio, con que se vacune a 60% de la población es suficiente.

Hasta que llegó el COVID-19 a nuestras vidas, nunca se había hablado de la inmunidad de rebaño como si fuera una estrategia sanitaria válida, permitiendo a una comunidad contraer una enfermedad que puede matar a un porcentaje significativo o hacer que sufra secuelas de por vida, porque eso sería un crimen. Inexplicablemente, la idea circuló como un tema a considerar por razones prácticas y económicas.

Volviendo a la estrategia de Reino Unido, se esperaba que, para que hubiera la mal llamada «inmunidad de rebaño», millones de adultos mayores de ese país iban a enfermarse de COVID-19 y morir. Se lo tomaba como un lamentable pero inevitable desenlace.

De hecho, en las filtraciones de comunicaciones internas entre miembros de la OMS, que algunos medios dieron a conocer a principios de noviembre de 2020, un funcionario del organismo, el jefe del Programa de Emergencias Sanitarias, Michael Ryan, admitía que, para que la inmunidad de rebaño sucediera, «cientos de miles o millones de adultos mayores iban a infectarse y simplemente va a haber muchas muertes». De todas formas, concedía Ryan, los diferentes enfoques implementados globalmente para contener el virus iban a ser «un gran estudio ecológico» que le permitiría a la OMS documentar qué funcionaba y qué no. «Es macabro, pero es la realidad», agregó.[15]

A mediados de marzo de 2020, en una carta abierta, un grupo de 229 científicos de universidades de Reino Unido denunció que la estrategia del premier británico pondría al servicio nacional de salud de ese país bajo una enorme presión, además de arriesgar «más vidas de lo necesario».

Afortunadamente, el gobierno cambió su estrategia y, tres meses después, le dio la vuelta al problema: los decesos comenzaron a bajar gracias a medidas como el uso obligatorio de cubrebocas y los confinamientos parciales. Sus autoridades sanitarias, que nunca admitieron haber ido por la inmunidad de rebaño, no establecieron mecanismos de aislamiento selectivo, pero sí ampliaron enormemente su capacidad de pruebas diagnósticas e instituyeron un programa de rastreo de contactos que los llevó a contener los contagios en sus comunidades y a disminuir tanto los casos infecciosos como las defunciones diarias.

Aplanaron su curva. Claro, eso solo después de que habían sumado más de 40 000 muertes por COVID-19. Al día de hoy, ese país lamenta 82 096 muertes.

EN LAS TRINCHERAS

Italia fue el primer país occidental invadido por el virus, en un momento en el que se sabía poco y nada sobre su mecanismo de acción y forma de contagio. También fue el primer país occidental en adoptar medidas estrictas de confinamiento a escala nacional: aislamiento de todo el territorio, cierre de los negocios no esenciales, escuelas y restricciones a la movilidad con el apoyo de patrullas policiales vigilando que nadie, sin la debida autorización, circulara por la vía pública.

El primer caso de COVID-19 se detectó allí el 31 de enero, en Roma. Se trataba de una pareja de turistas chinos procedentes de Wuhan. Casi de inmediato, la enfermedad se esparció, sobre todo en el norte de Italia y muy especialmente en la región de Lombardía.

Para el 25 de marzo, apenas 14 días después de la declaración tardía de pandemia por parte de la OMS, Italia registraba 7 527 víctimas fatales y 74 349 casos. Así, la tasa de letalidad de ese país por COVID-19 se convirtió pronto en la más elevada del planeta: 10.1 % de los casos positivos. Para entonces, en China, donde había nacido el virus, la tasa de letalidad se calculaba en 4 por ciento.

Una de las razones esgrimidas ante un panorama tan desolador como el italiano fue que 22.8 % de la población de ese país es mayor de 65 años y muchos de ellos presentan enfermedades crónicas.

Pero también hubo detalles en la medición de esas cifras que dieron nociones equivocadas tanto del índice de letalidad como de la susceptibilidad de los adultos mayores a infectarse, sin menospreciar las tristes imágenes que por ese entonces veíamos en los medios de médicos italianos con cubrebocas improvisados, alienados por tanta muerte y trabajo en las salas de urgencias y unidades de cuidados intensivos. «Italia está enfocando sus tests en las personas que ya están muy enfermas en el hospital, por lo tanto, la mayoría de estos casos son graves y el riesgo de muerte es muy alto. Pero si estuvieran controlando a la comunidad en general, incluso a aquellos con síntomas leves, encontrarían muchos más casos y la letalidad sería muchísimo más baja», aseguraba en marzo Benjamin Cowling, profesor de epidemiología de la Universidad de Hong Kong, consultado por la BBC. Este aspecto es clave, sobre todo en un país como México, que hace muy pocas pruebas y ha sesgado las cifras reales haciendo solo pruebas a casos con síntomas avanzados, lo que ocasiona que haya toda una capa de ciudadanos no testeados que no entran en las estadísticas oficiales de infectados o fallecidos por COVID-19, que hoy se estima que son 35 y 2.5 veces mayores a las oficiales, respectivamente.

Uno de los errores de Italia fue hacer pruebas solo a los que llegaban ya en muy malas condiciones a las guardias hospitalarias. Cuando esto ocurría, era poco lo que se podía hacer por esos pacientes, sobre todo en centros de salud que pronto quedaron saturados, sin ventiladores ni equipo de protección para el personal médico.

La escasez de personal provocó incluso que la región de Lombardía solicitara a los médicos y enfermeros jubilados que regresaran a trabajar para cubrir a quienes iban cayendo presa de COVID-19.

Al personal de salud que se iba contagiando se sumaban las familias y el entorno de esos mismos pacientes en estado crítico, que ya se habían contagiado antes de internarse. Ni hablemos de los miles de ancianos italianos que se contagiaron en residencias o geriátricos en los que, luego se descubriría, no había ni las más mínimas condiciones de prevención del contagio o ni siquiera contaban con los debidos permisos municipales.

Si la estrategia hubiera sido testear a la mayor cantidad de personas posible, incluso a los asintomáticos o a quienes apenas acusaban una tos o una jaqueca, esto habría permitido, en el caso de los positivos, aislarlos y cortar las cadenas de transmisión comunitaria.

Para complicar las cosas, muchos ciudadanos italianos huyeron hacia el sur y, en cuestión de días, las 20 regiones del país parecían tomadas por el SARS-CoV-2. En la península itálica, la gran lección aprendida luego de la primera oleada fue que, además de controlar el tráfico externo, se necesita controlar la migración interna. Si en el norte de ese país, donde empezó el brote, hubieran cerrado las fronteras, no habría la cantidad de muertos que hubo a lo largo y ancho de Italia.

Para mayo la pandemia comenzó a ceder y las medidas para frenar el virus impuestas por el gobierno de Giuseppe Conte probaron ser eficaces. Ahora sus estadísticas lucen mejor, e incluso relativamente bajas para el continente europeo. Los italianos la pasaron mal entre marzo y mayo de 2020, terminando este último mes con 233 000 contagios y 33 508 muertes. A raíz de eso, comprendieron cómo aplanar la curva. Lamentablemente, en noviembre se relajaron las medidas preventivas en Italia y el resto de Europa, y llegó la segunda oleada de contagios. Del 1 de noviembre al 28 de diciembre de 2020, Italia perdió casi exactamente el mismo número de vidas (33 544) por COVID-19 que durante su primer brote en la primavera.

JARABE DE PICO

Voy a hacer un breve paréntesis en relación con México, que en realidad pretende establecer comparaciones con Europa. Citando la columna del doctor en Ciencias Matemáticas, Arturo Erdely en *Reforma*, del 21 de julio de 2020, en nuestro país «los meses de mayo y junio transcurrieron en medio de lo que podríamos denominar "La Danza de los Picos" porque, mediante gráficas que claramente mostraban proyecciones alejadas de la realidad que pretendían representar, y alegando que no existe una curva epidémica nacional, sino muchas curvas asíncronas en distintas regiones del país, las explicaciones de que ya habían pasado algunos picos no convencieron, y peor aún, confundieron».

Mientras, aquí en México se nos alertaba de que íbamos a tener «picos» y más «picos»; que en abril íbamos a tener uno, en mayo tendríamos otro, los famosos «acmé», como los llamó López-Gatell... los cuales nunca llegaron, a diferencia de Europa. En México la curva nunca se aplanó, el acmé jamás llegó, por lo menos, no hasta el 28 de diciembre de 2020.

Donde tampoco hubo picos fue en Estados Unidos, porque siguen atorados en una grandísima primera oleada que tampoco han logrado contener.

Pero, como decía, Europa sí tuvo picos: la primera oleada empezó en febrero, el pico lo tuvieron entre marzo y abril, para mayo ya habían logrado controlar la pandemia; desde entonces lograron aplanar la curva. Esto último quiere decir que, ya para entonces, registraban muy pocos casos y defunciones diarias durante un periodo relativamente prolongado.

En el caso de México, basta ver las estadísticas de casos y muertes diarios en los que no existe tal pico. Como bien lo ha explicado Erdely en la citada publicación: en nuestra nación «los contagios y defunciones continúan, y del famoso "pico" de la epidemia ya ni hablan las autoridades de salud, al parecer lo convirtieron en jarabe, del que ahora nos dan una cucharadita todas las noches en Palacio Nacional. La política no puede derrotar a la ciencia, pero puede ignorarla... y pagar un alto precio por ello».

SACRIFICAR A LOS VIEJOS

En marzo, cuando el SARS-CoV-2 se expandía por Europa como reguero de pólvora, Suecia daba inicio a una estrategia contraria a la del resto del continente. No impuso el uso del cubrebocas y permitió que bares, restaurantes y discotecas permanecieran abiertos, al igual que eventos deportivos y culturales, dejando todo cuidado a criterio de los ciudadanos. No hacía falta ser vidente para adivinar lo que ocurriría después: los muertos comenzaron a aumentar velozmente y, por primera vez desde la Segunda Guerra Mundial, por temor al contagio, los países vecinos, Dinamarca, Noruega y Finlandia, sellaron sus fronteras con Suecia.

Para noviembre de 2020, ni Reino Unido, el primer país que consideró la estrategia de la inmunidad de rebaño, ni Suecia, cuyo epidemiólogo estrella prácticamente no flaqueó durante largos meses, pese a las críticas que le llovían en ese sentido —solo se atrevió a modificar su derrotero en junio, de forma pública y asumiendo un *mea culpa* —, se guiaban por esta política para el manejo de la pandemia, y en el mundo ya no quedaba ningún Estado que hiciera lo mismo. Salvo México que, como veremos a detalle más adelante, sigue sin rectificar su estrategia de lucha contra COVID-19.

Pero no nos distraigamos del caso sueco. Continuemos: a finales de noviembre, con las unidades de terapia intensiva saturadas, el primer ministro sueco Stefan Löfven prohibió todo encuentro «no esencial» y las reuniones de más de ocho personas, lo que incluía las escuelas.

Después de casi tres meses de perseguir la inmunidad de rebaño con resultados desastrosos, sobrevino el golpe de timón de las autoridades sanitarias suecas en cuanto a la política anti-COVID, y se empezó con las pruebas diagnósticas masivas y la estrategia de contención.

En los primeros días de junio, el artífice de la primera estrategia, el epidemiólogo nacido en Upsala, Anders Tegnell, reconocía que la decisión de «no imponer un bloqueo estricto» provocó «demasiadas muertes» en ese país.[16]

Al día de hoy, Suecia ha alcanzado 9 433 fallecidos por COVID-19, lo que en una población de poco más de 10 millones es un número importante. Mientras, uno de sus vecinos, Dinamarca, que sí impuso un drástico bloqueo y confinamiento a sus ciudadanos, tiene 1 571 muertes en su haber. Y ni hablar de Noruega, que en diciembre apenas registraba 472 fallecimientos.

La polémica estrategia de Tegnell involucró el distanciamiento social y el confinamiento, pero ambos «a título voluntario». La única prohibición fueron las reuniones de más de 50 personas, lo que, para los estándares de hoy, suena a una cantidad exageradamente alta. También se prohibieron las visitas a geriátricos y residencias de ancianos, que fueron los conejillos de Indias en este gran experimento sueco en el que todo lo que podía salir mal salió mal.

Después de una cuarentena estricta, con Dinamarca y Noruega a la cabeza, comenzaron a retomar sus actividades. Casi enseguida, con una simple comparación de cifras entre lo que sucedía con sus vecinos y lo que ocurría puertas adentro, la política de Tegnell comenzó a ser objeto de críticas. Annika Linde, una epidemióloga que supo asesorar al gobierno sueco, afirmó a la BBC que el actual vocero de la pandemia en ese país debería haber impuesto un confinamiento temprano, una protección más efectiva de los geriátricos y realizar más testeos de diagnóstico seguidos de rastreo de contactos en las zonas donde se detectaban infecciones.[17]

Con respecto a los ancianos, el equipo de Anders Tegnell les pidió quedarse en casa, pero esa franja etaria fue la más castigada en el país nórdico. Y si eso ocurrió en el país que, en 2013, fue declarado por la Organización de las Naciones Unidas (ONU) como el que mejor trata a sus adultos mayores,[18] ¿qué le queda al resto? Bueno, no tan rápido: en septiembre, los medios informaban que la estrategia epidemiológica de Suecia consistió, al menos en su primera etapa, en simplemente sacrificar a los más viejos. Así, los fallecidos en residencias de ancianos y geriátricos suecos representan la mitad de todos los muertos a causa de COVID-19 en ese país.

Por temor a saturar las unidades de terapia intensiva y que no se pudiera tratar adecuadamente a los jóvenes, una estrategia común fue «seleccionar pacientes» de manera «un tanto dura», sin siquiera intentar salvar a los mayores, explicaba Anders Vahlne, virólogo del afamado Instituto Karolinska, entrevistado por el canal France 24.[19]

Por su parte, en el otro país que replicó la estrategia sueca, Reino Unido, se ha detectado una gran cifra negra de fallecimientos a causa de COVID-19 ocurridos fuera de los hospitales. Así, en abril pasado, la Oficina Nacional de Estadísticas de ese país mostró que había un 11% adicional a las cifras oficiales difundidas por el gobierno y que daba cuenta de los decesos ocurridos en residencias de mayores, geriátricos públicos y hospicios.[20]

GERONTOFOBIA

En Suiza, nueve de cada 10 personas fallecidas por COVID-19 tenían más de 70 años. Después de la primera oleada, a semanas del inicio del invierno y a punto de comenzar el segundo brote, Suiza advirtió que si se volvían a colapsar las unidades de terapia intensiva por pacientes con COVID-19, los primeros en ver negada la entrada a estos cuidados serían los ancianos.

Tristemente, entre diciembre de 2020 y marzo de 2021, y a menos que haya un cambio rotundo en la estrategia sanitaria, en los países del Viejo Mundo volverá a pasar lo mismo que en la primavera de 2020. En ese momento, Italia atravesaba la primera oleada del virus y los saturados hospitales tuvieron que decidir quiénes recibían atención en cuidados intensivos y quiénes no. El principio era dejar morir a los viejos.

Y hay una lección que el resto de Occidente podría aprender: respetuosos de la sabiduría y la experiencia de los mayores, en los países del sureste asiático jamás tomaron la edad en consideración. De hecho, priorizaron la atención de los adultos mayores.

En Reino Unido sucedió algo muy parecido a Italia. O peor, porque esta selección sanitaria de pacientes, en la que los adultos mayores siempre llevaron las de perder, no se hizo por necesidad, sino como una decisión consciente *a priori*. Suecia también descuidó a su población de ancianos y tiene la mayor proporción de muertes en ese grupo de edad. Y una oleada de gerontofobia y desprecio por la vida de los mayores empezó a dispersarse por Europa y Estados Unidos.

En México, la gente lo comprendió rápidamente: «Aguas con los viejitos», se empezó a escuchar con frecuencia. Los mayores se guardan y quienes sí van al súper son los jóvenes, quienes andan en la calle exponiéndose a una carga viral mucho más alta que al inicio de la pandemia. Así y todo, en nuestro país, y a pesar de tener una cultura familiar mucho más sólida que en los países del norte, ya estamos asistiendo a este escenario, como se ve en muchos comentarios despectivos que abundan en las redes sociales.

Y esto no se termina con los posteos crueles en plataformas digitales: tal como pasó en Suecia, como veremos más adelante, la estrategia de dejar morir a los mayores no es una leyenda urbana o una exageración, es una realidad que tristemente las autoridades mexicanas adoptaron muy pronto en la pandemia, a tal punto que existe una guía confeccionada y avalada por el Consejo de Salubridad General de México para dar instrucciones específicas sobre quién debe tener acceso a un tratamiento contra COVID-19 y quién no.

Para que no los carcoma el suspenso, se los voy adelantando: los más viejos son los que pierden en esta especie de lotería funesta.

A todo esto, cabe recordar que la tasa de mortalidad de CO-VID-19 para las personas mayores de 80 años es cinco veces más alta que el promedio mundial para el resto de la población, según declaró, cuando lo peor ya había pasado —terminaba la primera oleada de coronavirus—, el secretario general de la ONU, António Guterres.

Esta declaración fue hecha en mayo, al lanzar una iniciativa para defender los derechos de los adultos mayores. «Ninguna persona, joven o vieja, es prescindible. Nuestra respuesta al COVID-19 debe respetar los derechos y la dignidad de las personas de edad», sostuvo Guterres al presentar la iniciativa, en la que se rescata la gran contribución de los adultos mayores a sus familias y comunidades, a la enseñanza y al cuidado de los demás. «Sus voces y liderazgo cuentan. Las personas mayores tienen los mismos derechos a la vida y la salud que todos los demás, y las decisiones difíciles en torno a la atención médica deben respetar la dignidad de todos», dijo, además, el responsable de Naciones Unidas en relación con los informes de personas mayores abandonadas en asilos.

También en mayo, unos 21 pensadores, europeos en su mayoría, firmaban el manifiesto «Sin ancianos no hay futuro. Llamamiento para rehumanizar nuestras sociedades. No a una sanidad selectiva», contra la falsa idea de sacrificar las vidas de adultos mayores «en beneficio de otras».[21]

«No hay una justificación para que se resuelva que la vida de una persona mayor de 60 o 70 años vale menos que la de un joven», señaló el exministro de Medio Ambiente de Colombia, Manuel Rodríguez Becerra. Ante la necesidad de atención sanitaria estaría surgiendo un modelo peligroso que considera «residual» la vida de los ancianos, indica el documento publicado a finales de mayo.

NADIE ESCUCHÓ LAS ALARMAS

En Estados Unidos, el primer deceso por COVID-19 se produjo el 29 de febrero de 2020, cerca de Seattle. Hacía casi tres meses que la epidemia había estallado en Wuhan y velozmente había saturado el sistema hospitalario de China primero y luego de varias naciones europeas; o sea, en Estados Unidos hubo tiempo para prepararse.

Donald Trump, por ejemplo, no dudó en afirmar repetidas veces —cuando ocurrieron en su país las primeras muertes por coronavirus, meses después de China o de Europa— que «nadie sabía que habría una pandemia o una epidemia de esta proporción», y que se trataba de un «problema imprevisible», «algo que nadie esperaba», «surgido de ninguna parte».[22]

Pero ¿realmente nadie esperaba esta pandemia? ¿No hubo forma de anticiparla?

Tristemente, sí.

Hubo varias advertencias e informes provenientes de organismos de distinto tipo, empezando por la que emitió en 2009 —sí, leyeron bien, 2009— el National Intelligence Council (NIC), la oficina de anticipación geopolítica de la CIA. Aquel año, ese organismo de inteligencia publicó el reporte Global Trends 2025: A Transformed World, basado en estudios realizados por más de 2 000 expertos de universidades de 35 países. Un megainforme que luego se convirtió en libro y que desde 2010 se consigue en Amazon por poco más de 400 pesos, más envío. Increíble, ¿no?

Más increíble aún es lo que contiene ese reporte respecto a las tendencias en temas que moldearán y afectarán a todo el planeta para 2025: migración, terrorismo, alimentos y agua, cambio climático, energía, ascenso de la clase media global, economía, urbanización. En efecto, en la página 95 se alerta sobre algo que provocaría una especie de madre de todas las epidemias: «La aparición de una enfermedad respiratoria humana nueva, altamente transmisible y virulenta para la cual no existen contramedidas adecuadas, y que se podría convertir en una pandemia global».

El libro alertaba, además, de que «la aparición de una enfermedad pandémica depende de la mutación o del reordenamiento genético de cepas de enfermedades que circulan actualmente, o de la aparición de un nuevo patógeno en el ser humano que podría ser una cepa de influenza aviar altamente patógena como la H5N1, u otros patógenos, como el SARS-CoV-1, que también tienen este potencial».

Como indica el periodista Ignacio Ramonet, hubo otra alerta, en 2017, en un informe elaborado por el Pentágono y destinado al entonces presidente de Estados Unidos, Donald Trump. Y en septiembre de 2019, es decir, muy poco antes de que se detectara el primer brote en Wuhan, la misma Organización Mundial de la Salud emitió un grito que pocos oyeron: «Nos enfrentamos a la amenaza muy real de una pandemia fulminante, sumamente mortífera, provocada por un patógeno respiratorio que podría matar de 50 a 80 millones de personas y liquidar casi 5 % de la economía mundial. Una pandemia mundial de esa escala sería una catástrofe y desencadenaría caos, inestabilidad e inseguridad generalizadas. El mundo no está preparado».

Se supo con mucha anticipación que vendría una pandemia y pocos hicieron algo para prepararse.

Como ha explicado Ignacio Ramonet, a pesar de tan explícitas alertas, un año después de este último informe preparado por la CIA, Donald Trump se deshizo del Comité de Protección de la Salud Global y Biodefensa, presidido por el almirante Timothy Ziemer, un prestigioso epidemiólogo que durante el gobierno de George W. Bush había liderado la President's Malaria Initiative, lanzada por su gobierno y destinada a controlar esta enfermedad infecciosa en África.

«Ese comité de técnicos era precisamente el que debía liderar la toma de decisiones en el caso de una nueva pandemia —apunta Ramonet—. Los anales mostrarán que (Trump) ha sido responsable de uno de los fallos de salud pública más catastróficos de la historia de este país. Si hubiera escuchado las advertencias de los servicios de inteligencia y de los expertos en salud pública sobre la grave amenaza que suponía el brote de coronavirus en China, la actual explosión de casos de COVID-19 podía haberse evitado».[23]

¿Esperanza demócrata?

La estrategia del gobierno trumpista ha sido la misma que la de Reino Unido: la mal llamada estrategia de inmunidad de rebaño se ha beneficiado de un presupuesto millonario para afrontar el gasto de testeos masivos, que de poco han servido —251 078 176 pruebas en un país con una población de más de 331 millones.

Si las pruebas diagnósticas no van de la mano del rastreo de contactos y el aislamiento de casos positivos, de poco sirven. Para lo que sí funcionan es para mantener las estadísticas en orden, algo que en México ni siquiera hemos tenido.

Afortunadamente, cuando este libro ya esté publicado, el presidente electo de ese país, Joe Biden, estará en funciones y Estados Unidos terminará demostrando cómo las decisiones de un líder pueden matar o salvar a la población.

En una de sus primeras entrevistas como presidente electo de la mayor potencia del mundo, Biden les pidió a los ciudadanos de su país que utilicen mascarilla durante los 100 primeros días de su mandato, que comienza el 20 de enero de 2021. «Solo 100 días de mascarilla, no para siempre. Cien días. Y creo que veremos una reducción significativa (de la pandemia)», dijo Biden durante una entrevista con la CNN.[24]

La medida anunciada por Biden representa un giro dramático respecto a la administración anterior: como muestra, solo recordemos que, en varias oportunidades, el ahora expresidente Donald Trump se burló del por entonces candidato demócrata a la presidencia por su uso del cubrebocas: «¿Alguna vez vieron un hombre que usara un cubrebocas tanto como él?», fustigó Trump a su contrincante en septiembre de 2020.

«Le da un sentimiento de seguridad. Si yo fuera psiquiatra, diría que este tipo tiene algunos problemas graves», dijo Trump en un mitin en Pensilvania, donde la mayoría de los asistentes, unos cuantos cientos de simpatizantes trumpistas, no portaba mascarillas.[25] Recordemos que, el día anterior, el país cuyas riendas conducía Trump superó las 190 000 muertes por el virus. Y que apenas unas semanas más tarde Donald Trump y su esposa dieron positivo a COVID-19.

La exhibición de ignorancia y cinismo de Trump, que una y otra vez se ha reído de medidas básicas contra el virus como el uso del cubrebocas y el confinamiento, continuó unos días antes de las elecciones, cuando, en otro encuentro masivo con simpatizantes del estado de Florida, amenazó con despedir al doctor Anthony Fauci, director del Instituto Nacional de Alergias y Enfermedades Infecciosas, a cargo de la contención del covid-19 en Estados Unidos, y cuyo trabajo fue obstaculizado —y denostado— por Trump durante toda su gestión de la pandemia.

En diciembre, Fauci, que seguirá a cargo de la lucha contra el COVID-19 durante la presidencia de Biden, expresó en una entrevista con la revista *Newsweek* su temor de que, además de los festejos y viajes de miles de estadounidenses dentro del país para celebrar el Día de Acción de Gracias, las fiestas de fin de año provoquen una aceleración todavía mayor en la curva de contagios: de hecho, aseguró que «enero va a ser terrible», tal vez «el peor» momento de la pandemia en ese país.

Ante este gran caos sanitario por el negligente manejo de la crisis por COVID-19, en la administración de Trump se quiso instalar la idea de que ni la pandemia ni su administración eran culpa del presidente de ese país. Esa narrativa falsa de la inevitabilidad de los acontecimientos va a ser desnudada por Biden, cuya prioridad parece ser controlar la pandemia en Estados Unidos. Tal evidencia vendría bien en México para desnudar también los discursos falsos de nuestras autoridades y las decisiones negligentes que han tomado para gestionar la pandemia.

No será fácil, claro. Aunque tiene los recursos económicos, se trata del país más azotado por el virus, tanto en el número de muertes como de contagios. Al 28 de diciembre de 2020 registra nada más y nada menos que 343 181 fallecimientos, que, se estima, rebasarán el medio millón para marzo de 2021.

La tarea de Biden será complicada, porque el país ya está desbordado por el virus. Pero, si lo logra, dejará en evidencia que esos siete muertos que hoy consigna Taiwán se deben a las buenas decisiones de sus gobernantes. Y que los más de 134 000 muertos oficiales que hoy registra México son consecuencia directa de las decisiones que nuestro gobierno ha tomado.

3. La llegada de covid-19 a México y Latinoamérica

«América Latina representa 49 % de todas las nuevas muertes, no del total de las muertes, sino de las nuevas muertes diarias». Este análisis corresponde a Carlos Castillo-Salgado, profesor de epidemiología y director del Observatorio de Salud Pública Global de la Escuela de Salud Pública Bloomberg, de la Universidad Johns Hopkins, en Estados Unidos.

Castillo-Salgado fue maestro de Hugo López-Gatell cuando este último cursaba su doctorado en esta universidad de Baltimore, la cual, dicho sea de paso, ha sido semillero de prestigiosos epidemiólogos latinoamericanos.

En una entrevista concedida a la televisión chilena en junio de 2020, este académico mexicano, que ha desarrollado su carrera en Estados Unidos, indicó que el epicentro de la pandemia se ha intensificado de forma explosiva en Latinoamérica, continente acicateado por la ausencia de respuestas rápidas y efectivas por parte de sus autoridades sanitarias.

«Las autoridades no se ponen de acuerdo y crean información contradictoria y confusión entre la población. En todos los países del continente, incluyendo a Chile, Perú, México y, fundamentalmente, Brasil, hemos visto un incremento en el número de infecciones y muertes», declaró Castillo-Salgado, cuyo puesto en la universidad estadounidense le permite, en la práctica, operar como un observador entrenado e imparcial sobre todo lo que sucede en Latinoamérica en relación con la gestión de la actual crisis sanitaria.[26]

Así, en Latinoamérica se observa una «gran desigualdad en el acceso a pruebas diagnósticas y esto puede implicar que muchas muertes se clasifiquen como neumonía atípica. Hay entonces un subregistro de esa mortalidad». Y cada vez que hay una «relajación de las medidas» se ven oscilaciones de nuevos brotes, dijo Castillo-Salgado, quien también funge como gerente del área de análisis de salud y sistemas de información de la Organización Panamericana de la Salud.

En Chile, como ha ocurrido en muchos otros países del continente, muchas de las respuestas de los funcionarios a cargo de la pandemia fueron las adecuadas, «pero no en el tiempo ni en la extensión necesarias», declaró Castillo-Salgado. En el país andino, que al día de hoy, 11 de enero de 2021, registra 17 162 muertes, el primer caso de COVID-19 se detectó el 3 de marzo pasado.

No es, por lo tanto, la nación latinoamericana a la que peor le va. «La tasa de letalidad de Chile es baja en relación con la de otros países de la región, pero lo que hemos observado es que las autoridades tienen que revisar su compromiso con la población y tratar de tejer alianzas con la sociedad civil, generar estrategias en las que la población pueda entender la importancia de cumplir con las medidas de prevención de COVID-19 de cara al futuro de esta nación», señaló. Pero, según el epidemiólogo mexicano, las respuestas no solo recaen en las autoridades: «La comunidad necesita generar una cultura cívica, no es que pasivamente recibe todo lo que le dicen las autoridades».

Del otro lado de la cordillera de los Andes, en Argentina, donde el primer caso de COVID-19 se detectó también el 3 de marzo, se impuso una de las cuarentenas más largas y estrictas del mundo. A pesar de ello, los cálculos sanitarios parecen haber fallado. Hoy, en la nación sudamericana se registran 44 654 muertos, que podrían ser muchos más en cuestión de días, ya que, violando todas sus anteriores medidas, el presidente Alberto Fernández autorizó que millones de personas velaran en la Casa Rosada (la sede del gobierno argentino) a Diego Armando Maradona, fallecido el pasado 25 de noviembre.

Algo que vale la pena mencionar es la relativa solidez del sistema de salud argentino, que se apoya en el sistema de medicina prepagada —privado—, el de obras sociales —dependientes de sindicatos y que prestan atención médica a los trabajadores según la dependencia— y la red de hospitales públicos. Con estos tres brazos, la respuesta del sistema de salud argentino, que no ha colapsado aún, logró que más de 80 % de los infectados por COVID-19 se recuperara y que apenas 2.7 % falleciera. Sin embargo, se observan grandes diferencias entre la capital argentina, Buenos Aires, y el interior del país, y, sobre todo, en las provincias más vulnerables —en el norte y noreste—, donde la situación en los centros de salud públicos es muy precaria.

Resultaba elocuente un titular de septiembre en el sitio de noticias en español de la BBC: «Me cansé de tener que elegir a quién dar una cama y a quién un tubo de oxígeno semivacío».[27] La frase había sido extraída de una carta difundida en los medios argentinos, escrita por un joven médico residente de la localidad de Orán, en la frontera entre Argentina y Bolivia. Como veremos, en México no ha sido tan diferente.

En Argentina, a pesar de la feroz cuarentena que hubo casi desde el principio de la pandemia —o al menos desde que la Organización Mundial de la Salud (OMS) la declaró así de manera oficial—, el total de infectados hace tiempo que superó el millar. Según los expertos, la principal explicación es la falta de pruebas diagnósticas en un país que atravesaba, ya desde antes de la pandemia, una profunda crisis económica. Otra falla es que se abandonaron las estrategias de rastreo de contactos de personas infectadas. Finalmente, el «hartazgo social» y la necesidad de salir a trabajar o a buscar empleo son otros de los motivos que han provocado el incremento de los contagios en este país del sur del continente.[28]

HORROR EN ECUADOR, CINISMO EN BRASIL

Muchos aún tenemos frescas las imágenes de los noticiarios que en abril mostraban cadáveres apilados en la ciudad de Guayaquil, Ecuador, cuyo primer caso de coronavirus se registró el 29 de febrero. Para fines de abril, con los hospitales, las morgues y los cementerios colapsados, eran cientos los ciudadanos ecuatorianos que denunciaban que nadie pasaba a recoger los cuerpos de sus seres queridos fallecidos a causa de COVID-19.

Envueltos en plástico o cartón por sus propios familiares, los restos esperaban durante días hasta ser recogidos por los servicios estatales, superados por el caos y el horror.

La contracara de esta situación es que muchas familias denunciaron que nunca supieron qué ocurrió con los cuerpos que entregaron; si los cremaron, los enterraron en fosas comunes o simplemente los perdieron. En las calles se organizaron plantones para protestar por este desastre sanitario, en el que se ha visto a gente sin otra protección que un simple cubrebocas buscando dentro de contenedores los restos de sus parientes entre pilas de cadáveres sin identificar. Al día de hoy, este país registra 14 184 fallecidos por COVID-19.

En tanto, muchos tenemos frescas las postales de Brasil, donde su presidente, Jair Bolsonaro, ha sido un emblema del cinismo y la irresponsabilidad ante la pandemia. Este país de Sudamérica, que detenta el tercer brote más grande del mundo después de Estados Unidos e India, hoy registra 8 131 612 infectados y 203 580 muertes por el virus. A su vez, ocupa el puesto 37 en el *ranking* de resiliencia COVID, publicado por Bloomberg en noviembre pasado.

Al igual que el ahora expresidente estadounidense Donald Trump, Bolsonaro se ha caracterizado por negar, minimizar, ignorar e incluso burlarse de la pandemia, que ha sido particularmente dañina en las favelas —asentamientos de viviendas informales en las grandes ciudades de Brasil— y entre las tribus de pueblos originarios, en particular en el Amazonas.

«Esta gripecita de nada» es una «fantasía», no es todo lo que «los principales medios de comunicación propagan en todo el mundo», dijo el presidente brasileño, no bien la OMS declaró la pandemia el 11 de marzo.[29]

Desconociendo las recomendaciones de sus propios funcionarios de Salud, Bolsonaro ignoró abiertamente las reglas de distanciamiento social y el uso de cubrebocas —un juez tuvo que obligarlo para que lo utilizara—. «Parece que este problema del virus está empezando a desaparecer, pero el problema del desempleo está surgiendo», afirmó en agosto, el mismo día que Brasil tuvo un pico de 1 200 muertes por coronavirus.

Al igual que Trump, Bolsonaro ha propugnado públicamente los beneficios de la hidroxicloroquina, un medicamento cuya efectividad contra COVID-19 jamás ha sido confirmada. De hecho, unas semanas después de que la OMS interrumpiera el grupo de tratamiento con hidroxicloroquina del ensayo Solidaridad, con el que se buscaba un tratamiento eficaz contra la nueva enfermedad, Bolsonaro aparecía otra vez ante las cámaras, destacando las supuestas propiedades de este medicamento que desde hace años se usa con éxito en pacientes con enfermedades autoinmunes y paludismo.

Según los datos del ensayo Solidaridad (que incluyen los obtenidos en Francia, en el marco del Discovery) y los resultados anunciados recientemente por el ensayo británico Recovery, la hidroxicloroquina no reduce la mortalidad en los pacientes hospitalizados por COVID-19, cuando se compara con el tratamiento de referencia.[30]

Esta forma de liderazgo arrogante —Bolsonaro dio positivo por COVID-19 el 7 de julio de 2020—, «sumado a la falta de redes de seguridad social y sistemas de salud pública sólidos, ha empeorado la crisis», declaró Cynthia Arnson, directora del Programa Latinoamericano del Wilson Center, en Washington D. C., citada en el aludido *ranking* de Bloomberg.[31] Sobre el gobierno brasileño han pesado, también, contundentes denuncias de ocultamiento de cifras de infectados y fallecidos por coronavirus en ese país.

Latinoamérica es el continente más urbanizado del planeta y, tal como ocurre en México, gran parte de la población vive en condiciones de hacinamiento, donde la sana distancia es muy difícil de cumplir.

El trabajo informal y el vivir al día, la situación de la mayoría de los latinoamericanos, significan que, en la práctica, el mantra #QuédateEnCasa sea un privilegio prácticamente exclusivo de las clases media y alta.

Esto se suma a las «grandes disparidades entre la atención médica pública y privada» que se observan en casi todos los países latinoamericanos: sin ir más lejos, y como veremos más adelante, en México, la gran mayoría de los fallecidos por

COVID-19 fueron hospitalizados en instituciones del sector público.

El acceso a una atención médica de calidad o, por lo menos, a una en la que puedas recuperarte del virus SARS-CoV-2 y no perecer es, repito, un privilegio de aquellos que pueden pagarse un seguro de gastos médicos mayores.

MARZO, ERROR DE ORIGEN

Así llegamos a México, que a finales de febrero de 2020 confirmaba sus primeros dos casos de COVID-19. Unos días después, el 11 de marzo, la OMS declaraba la pandemia.

Para entonces, en relación con Asia y Europa, que ya contaban con un alto número de infectados, México estaba en una posición ventajosa: muy pocos infectados confirmados, así como la oportunidad de poner en práctica lo aprendido por otros países que ya llevaban dos meses enfrentando el virus (clausura de fronteras, tamizajes para todo aquel que entrara al país en cuestión, pruebas de detección masivas, aislamiento de infectados, rastreo de contactos, uso obligatorio del cubrebocas y protocolos de atención hospitalaria temprana).

Lo repito, tuvimos la ventaja del tiempo y el aprendizaje previo.

El desafío era claro: había que aprender de los aciertos de los países del sureste asiático, mejor preparados por haber atravesado la epidemia de SARS años antes, y de los errores de varios países europeos que para marzo ya enfrentaban una situación dramática, sobre todo España e Italia.

La falta de recursos, un sistema de salud debilitado y una población de más de 129 millones, atravesada por una desigualdad crónica, eran razones más que suficientes para implementar una estrategia sanitaria similar a la de países como Vietnam.

Lo cierto es que los dos primeros casos de COVID-19 en México se dieron a conocer el 28 de febrero de 2020 en Ciudad de México. Se trataba de un italiano de 35 años, residente de Ciudad de México, y un ciudadano mexicano de Hidalgo que se encontraba en el estado de Sinaloa. Los dos habían viajado recientemente a Italia.

La fase 1 de la estrategia contra la pandemia COVID-19 comenzó ese día.

El esquema se planteó siguiendo la descripción señalada por la Organización Mundial de la Salud identifica tres fases distintas de propagación en caso de una pandemia como la de COVID-19. En la fase 1, «los casos de infección son importados del extranjero y no hay casos de contagio local; el número de personas infectadas con el virus es limitado y no hay medidas estrictas de salud, excepto acciones con el objetivo de difundir las acciones preventivas».

Como veremos en los capítulos siguientes, desde el inicio los esfuerzos emprendidos por las autoridades mexicanas, encabezados por el doctor Hugo López-Gatell Ramírez, subsecretario de Prevención y Promoción de la Salud, se caracterizaron por ser tardíos, poco transparentes e insuficientes.

La displicencia por la inacción y el discurso condescendiente revelaba resignación ante un curso de acontecimientos que, si bien no era inevitable, sí era predecible, tanto por los modelos matemáticos como por las experiencias previas de otros países. Desde el principio resultó difícil comprender cuáles serían las acciones y los cambios en la supuesta estrategia cuando pasáramos de la fase 1 a la 2 y después a la 3. Se hablaba de un avance por las fases con tal naturalidad y resignación que quedaba claro que no se tenía la menor intención de impedirlo. La semilla de la falsa narrativa de la inevitabilidad de los acontecimientos que vendrían se sembró desde un inicio.

Muchas acciones y declaraciones de López-Gatell han llegado a ser incluso perjudiciales para contener los contagios. La lista es larga, pero cuatro han sido especialmente perniciosas: en primer lugar, la continua descalificación de medidas preventivas simples pero efectivas, como el uso de cubrebocas; segundo, la reiterada desinformación al sugerir que los portadores asintomáticos del virus no pueden contagiar a otros; tercero, la insistencia en que la realización de pruebas diagnósticas masivas no tiene utilidad alguna; cuarto, la constante directriz a la población de que los enfermos deben permanecer en casa y no acudir al hospital hasta tener síntomas graves. Si el objetivo de las autoridades es «aplanar la curva» para evitar la saturación de los hospitales y reducir el número de defunciones, resulta imperdonable que sus propias acciones y discursos resulten contraproducentes

Mediocre y ambicioso

«Ese subsecretario no es de bata, sino de chaleco». La descripción que un exsecretario de Salud hace del «Zar del COVID», el apodo con el que la prensa mexicana ha bautizado a Hugo López-Gatell, alude, primero, a su falta de experiencia «de campo», como en la jerga médica se llama a aquellos sanitaristas a los que no les tiembla el pulso a la hora de fumigar contra el dengue y que acumulan miles de horas atendiendo en consultorios y enseñando en las comunidades a potabilizar el agua y lavarse las manos correctamente. No hay nada malo, claro, en dedicarse a la gestión de la salud pública: alguien tiene que hacerlo y en México hemos tenido buenos ejemplos de ello.

El detalle es que quien lo haga debe hacerlo bien. Y, exceptuando el breve periodo en el que, al principio de la pandemia, López-Gatell tenía subyugadas a miles de mujeres —y hombres, claro— que suspiraban por este cincuentón delgado y de voz cristalina, la trayectoria del máximo responsable de la gestión de la pandemia tendía a ser bastante mediocre y olvidable.

Eso, claro, hasta el momento en que las cifras de muertos a causa de COVID-19 y de la errada estrategia sanitaria de López-Gatell empezaron no solo a hacer descender su imagen positiva en los medios, sino que fuera denunciado formalmente por mal desempeño, e incluso homicidio, por varios legisladores de nuestro país.

El otro detalle es que una rápida lectura de su *curriculum vitae*, subido al sitio web de la Secretaría de Salud (SSA), demuestra que, en teoría, el doctor nacido en 1969 cuenta con credenciales más que suficientes para la responsabilidad que hoy lleva sobre sus espaldas. Médico cirujano graduado de la UNAM, López-Gatell siguió la especialidad de medicina interna en el Instituto Nacional de Ciencias Médicas y Nutrición, y una maestría en su *alma mater*. Causa gran sorpresa, además, leer que se doctoró en Epidemiología en la Escuela de Salud Pública Bloomberg, de la Universidad Johns Hopkins, donde tuvo como maestro, ya lo dijimos, a Castillo-Salgado, un médico y epidemiólogo que por todos los medios se ha encargado de hacerle ver a su exalumno lo errado de su estrategia.

Sin resultado alguno, lamentablemente.

En el caso de López-Gatell, su diploma de la Universidad Johns Hopkins, cuya copia escaneada se encuentra también disponible al público en el sitio web de la Secretaría de Salud, parece hoy, cuando en nuestro país el contador marca 1 541 633 infectados, un chiste de mal gusto.

La tesis de maestría de López-Gatell fue dirigida por su actual ¿jefe?, Jorge Alcocer Varela, secretario de Salud de México, su profesor en el Instituto Nacional de Ciencias Médicas y Nutrición Salvador Zubirán y quien, a su vez, fue médico de la primera esposa del presidente de la nación, Andrés Manuel López Obrador. Como sucede en el interior de México, donde todavía existe la costumbre de nombrar al pediatra del gobernador como el encargado de velar por la salud pública de los habitantes de un estado, este sistema pueblerino parece haber llegado también a Palacio Nacional.

El nombramiento de López-Gatell como máximo responsable de conducir al país durante esta tormenta, que es la de COVID-19, no sería nepotismo. Es verdad que el niño mimado de López Obrador no se cansa de adular en público a su jefe —en realidad, el único que tiene, pues Alcocer Varela es a todas luces un secretario fantasma—. A diferencia del doctor Anthony Fauci, su par estadounidense que varias veces y en forma pública ha contradicho a su jefe, el ahora expresidente Donald Trump, López-Gatell permanece en silencio ante los claros errores del presidente, que él replica sin chistar, pues en apariencia el pacto que hizo fue el siguiente: obedecer ciegamente al presidente a cambio de obtener favores y ascensos.

Prueba de ello es que, en agosto, Andrés Manuel López Obrador le cedió a la subsecretaría de López-Gatell el control de 13 unidades administrativas y órganos desconcentrados de la SSA, entre los que destacan la Comisión Federal para la Protección contra Riesgos Sanitarios (Cofepris) y la Comisión Nacional contra las Adicciones (Conadic). Que hoy el subsecretario de prevención y promoción de la salud esté a cargo de la Cofepris, un órgano hasta agosto independiente y hoy degradado, lo convierte en uno de los funcionarios más poderosos del actual gobierno.

Para que quede claro: como lo grafica un artículo de *El Financiero*, «las industrias que regula Cofepris producen todo aquello que ingerimos, tomamos, nos untamos, nos aplicamos, inhalamos; es decir, todo lo que entra de una u otra manera a nuestro organismo. Esta industria tiene su propio peso dentro de la producción económica del país. En años anteriores se ha estimado que los sectores industriales que regula el organismo sanitario representan 10% del producto interno bruto (PIB) de México».[32]

Muy lejos de Anders Tegnell, el burócrata sanitario sueco que reconoció haber errado con su estrategia de inmunidad de rebaño, López-Gatell nunca se equivoca.

Y, por esa razón, jamás se retracta o pide disculpas. Peor aún, la culpa es siempre de los otros, nunca de este epidemiólogo supuestamente entrenado con los mejores, en una de las escuelas de salud pública más prestigiosas del planeta. Para sostener lo indefendible, inventa disparatadas explicaciones. Si no hubiera tantos muertos que lamentar a causa de su accionar, provocaría risa el esfuerzo que hace en muchas ruedas de prensa por elucubrar y defender posturas absurdas —como por qué el cubrebocas no es efectivo.

Como dijimos, el *curriculum vitae* del subsecretario de prevención y promoción de la salud es nutrido y cuenta con un buen número de puestos clave en la función pública, artículos científicos publicados, horas de cátedra como docente y diplomas de prestigio. Antes de ser convocado por López Obrador, a fines de 2018, para ser subsecretario de prevención y promoción de la salud, López-Gatell fue director de Innovación en Vigilancia y Control de Enfermedades Infecciosas en el Instituto Nacional de Salud Pública de México.

¿Mente criminal?

Aparentemente, nadie del gabinete de López Obrador pidió referencias a quienes, durante el gobierno de Felipe Calderón, tuvieron que corregir los errores grotescos que cometió López-Gatell durante la epidemia de influenza en 2009.

Como director general adjunto de Epidemiología, cargo que ocupó en la Secretaría de Salud entre 2008 y abril de 2012, el actual subsecretario fue congelado y apartado por «enredar» una y otra vez los números de la nueva cepa de influenza que en 2009 llegó a nuestro país, como cuenta un alto exfuncionario de la SSA que actuó durante el sexenio de Calderón. «López-Gatell confundía fallecimientos con infectados o sospechosos de estarlo; encontramos un desastre total en las cifras cuya recolección estaba a su cargo», cuenta este personaje.

Para hacer el cuento corto, se armó un equipo «paralelo» al de López-Gatell, se ordenaron las estadísticas y se encomendó al epidemiólogo Pablo Kuri, que por entonces se encontraba en París asistiendo a un congreso, que se hiciera cargo como asesor de la gestión de la epidemia de influenza A H1N1. En una semana, con la ayuda de matemáticos y de un equipo voluntario cedido por una conocida consultora, se logró tener las primeras cifras de casos confirmados de esa nueva gripe de origen porcino. López-Gatell nunca fue destituido, pero continuó en su cargo unos cuantos años más, ignorado por la plana mayor de la SSA —por entonces a cargo de José Ángel Córdova Villalobos— y relegado al ostracismo burocrático, pues nadie de ese ministerio lo tomó en cuenta hasta que renunció, en 2012.

A su desorden administrativo, algo que sus pares en ese entonces estaban dispuestos a perdonar si este burócrata hubiera demostrado otros talentos o habilidades, se sumó su falta de orgullo —lo vemos hoy, cuando frente a millones no para de elogiar a López Obrador—, para atornillarse a un cargo en el que nunca dio el ancho.

Y pronto quedó claro, para quienes lo trataron en ese entonces, que el modelo Centinela, cuya adaptación hoy López-Gatell utiliza para generar estadísticas —incompletas, como vamos a ver— para la gestión de la crisis, no funcionaba para contener una epidemia que hoy, junto a la actual pandemia, provoca ternurita. Ya en la epidemia de 2009, el modelo Centinela demostró ser ineficiente si no se realizaban las pruebas diagnósticas de esos casos de infección que arrojaban sus unidades de monitoreo.

Sin brillar en ningún área en particular, ya por entonces López-Gatell hacía gala de una gran facilidad para moverse como pez en el agua entre los círculos políticos, adular a quien hiciera falta y escalar posiciones. Quienes lo conocen de hace mucho se muestran perplejos: no les sorprende su falta de capacidad para la gran responsabilidad que se le encomendó en el gobierno de López Obrador, pero se preguntan qué hay detrás de la criminal estrategia sanitaria pergeñada por el actual subsecretario y que hasta el momento ha costado la vida a más de ciento veinte mil mexicanos.

Se esperaban, claro, a un funcionario que sin humildad rechaza hasta la más mínima crítica y que no esconde sus ambiciones presidencialistas. Pero no este tendal de muerte y desesperanza que, a pocas semanas del inicio del invierno, no parece ceder.

Tristemente, la historia de la gestión de COVID-19 en México debe contarse, en gran parte, con los dichos del actual subsecretario de prevención y promoción de la salud, Hugo López-Gatell, designado por el presidente de los mexicanos para hacer frente a la pandemia en nuestro país, una catástrofe sanitaria nunca vista desde 1918, cuando se desató la mal llamada «Gripe Española».

A López-Gatell podemos imputarle sin equivocación ser el máximo responsable de una desproporcionada cantidad de muertes evitables, ya que, como indicó Castillo-Salgado en varios medios internacionales, retrasó por varias semanas las medidas de contención contra la COVID-19. Medidas que, además, resultaron ineficientes e insuficientes y, hasta el cierre de este manuscrito, se había negado a instituir una estrategia de contención.

Según consta en la denuncia que, en julio pasado, dos políticos presentaron contra Hugo López-Gatell, el 22 de enero de 2020, en México, el actual subsecretario de Prevención y Promoción de la Salud declaró que el coronavirus era «una enfermedad emergente. No hay indicios que sugieran un comportamiento grave» y que su capacidad de virulencia y letalidad era baja. El 28 de febrero de 2020, López-Gatell indicó que «la influenza estacional y [...] los virus que circulan en la temporada de influenza, H1 y H3, son aproximadamente 10 veces más virulentos, es decir, causan enfermedad grave 10 veces más que lo que causa el coronavirus nuevo 2019 que afecta a China». El 28 de febrero de 2020, el subsecretario de Salud aseguró que el coronavirus causante de COVID-19 no cumplía con las características para considerarla una emergencia.

La historia y la verdad siempre hacen justicia.

4. Fase 1.
Esperanzas y errores de cálculo

«México continúa en la fase 1 por el coronavirus COVID-19, debido a que hasta el momento los 12 casos registrados son de importación, por lo que no se restringirán los viajes internacionales hacia territorio nacional, no se cerrarán fronteras ni puertos marítimos, ya que estas medidas no tienen fundamento científico sólido sobre el impacto en la disminución del riesgo de transmisión», se informó el 12 de marzo de 2020, durante la conferencia matutina encabezada por el presidente Andrés Manuel López Obrador en Palacio Nacional.[33]

En ese entonces teníamos apenas 12 casos de COVID-19.

Si tan solo las autoridades hubieran puesto en práctica las medidas que son principios básicos en epidemiología, en México se habría podido frenar la pandemia. O por lo menos los muertos no hubieran sido tantos.

Lo que sigue ahora es un relato absurdo, y por momentos increíble, de varias de las acciones y omisiones por parte del subsecretario de Prevención y Promoción de la Salud de México, el doctor Hugo López-Gatell, en el manejo de la pandemia.

Retrocedamos un poco en el tiempo, al 2 de marzo de 2020: ese día, el funcionario a cargo de la gestión de la pandemia en nuestro país desdeñó el uso del cubrebocas como un «mecanismo de tranquilización ante la incertidumbre».

«Si yo me pongo un cubrebocas de estos convencionales, no me disminuye notoriamente el riesgo de que yo pueda adquirir no solo coronavirus, influenza, catarro común, metapneumovirus, más de 100 o 200 virus que existen todos los días en todas partes del país y del mundo»,[34] exclamó ante los reporteros y miles de mexicanos que diariamente empezaron a seguir sus informes sobre la pandemia.

El uso de cubrebocas, los centros de aislamiento para infectados, los testeos masivos, el confinamiento, la estipulación de zonas restringidas, la sana distancia, el estricto control de la migración externa e interna, el cierre de fronteras, el bloqueo de carreteras y el seguimiento de los contactos de cada infectado, todas esas medidas *no* son mías. Son principios epidemiológicos, digamos, «universales» y básicos para este tipo de patógenos. Y dependen, claro, del tipo de infección, de su vía de transmisión, de las características de contagiosidad del patógeno, etc., pero, desde la Edad Media, muchas de ellas se han utilizado con eficacia.

Sin recurrir a tecnologías digitales, hoy tan en boga en Asia, y que han posibilitado feroces cuarentenas como las que ha habido en China, las autoridades sanitarias de hace siglos se basaban en una convicción sencilla que sigue vigente: si por arte de magia todos los habitantes permaneciesen inmóviles en donde están durante 14 días, a metro y medio de distancia entre sí, toda la pandemia se detendría al instante.

MORTALIDAD DE REBAÑO

El niño mimado del presidente López Obrador gozaba, al inicio de la pandemia, de una popularidad imparable en medios y redes sociales. En Facebook, amas de casas y profesionistas expresaban su admiración por el doctor en epidemiología. «¿Por qué tan guapo?», lo piropeó una reportera en una de sus apariciones en vivo e hizo sonrojar al servidor público. Cuando una usuaria de Twitter reveló unas fotos de López-Gatell en su época de estudiante, las redes estallaron, al igual que cuando se supo cuál era su situación sentimental (casado con una bella investigadora, por si tenían el pendiente).

Fue en una de esas apariciones públicas, que los análisis de impacto en redes sociales medían con azoro, que el subsecretario deslizó lo que sería su piedra de toque en la lucha contra la COVID-19. Así, el 14 de marzo de 2020, López-Gatell divulgaba, en uno de sus informes en vivo, una curiosa «estrategia» epidemiológica en la que pocos parecieron reparar. Quien se tome la molestia de buscar la transcripción estenográfica de este informe tal vez entienda poco, pues la verborrea del máximo funcionario encargado de la gestión de la COVID-19 es florida y confusa, sobre todo cuando intenta explicar el absurdo que expuso ese día.

Ante la posibilidad de clausurar escuelas en las que se registrara un solo caso de COVID-19, López-Gatell explicó que lo mejor era esperar a tener 100 niños infectados antes de proceder al cierre de cualquier establecimiento escolar, pero que incluso lo ideal era alcanzar, en un mismo centro educativo, los 400 infectados, quienes «tienen la fuerza de 400 para infectar a los 600 que restan, esa sería la máxima utilidad de la infección».

Por si no queda claro: con una pátina de seriedad sustentada en parte por sus credenciales académicas —un doctorado en Epidemiología por la Escuela Bloomberg de Salud Pública de la Universidad Johns Hopkins— y su puesto como el máximo funcionario encargado de la salud de los mexicanos en lo que a COVID-19 respecta, López-Gatell aseguró que era mejor esperar a contar con un número importante de casos antes de implementar las medidas de aislamiento y separación. Y que era preferible que se contagiara la mayor cantidad posible de personas, niños en este caso, para que se creara inmunidad entre la población.

Cuesta mucho comprender esa lógica absurda, porque es eso y nada más que eso: un absurdo. ¡El cometido era impedir que se dieran esos 10 o 50 o 100 contagios! No esperar resignadamente a que ocurrieran, como si no hubiera existido una mejor opción.

Ante este escenario, Josef Mengele, el inhumano médico de las SS (¿les viene a la mente?), no elegiría llamar «genocidio» a la táctica de López-Gatell, tampoco «darwinismo sanitario» o eugenesia, como he escuchado también a propósito de la «estrategia» del actual subsecretario, quien, por otro lado, estuvo a cargo de la gestión de la pandemia de influenza durante el gobierno de Felipe Calderón, con resultados muy criticados, cuando menos.

GESTIONAR EL CONTAGIO

El funcionario al que se le confió el diseño de la política sanitaria para enfrentar la crisis de COVID-19 en México propuso, el 14 de marzo de 2020, una estrategia sin asidero científico que, está claro, no aprendió en la Escuela Bloomberg, de la que —dicho sea de paso— egresaron los más brillantes epidemiólogos de Latinoamérica, como ha explicado Carlos Castillo-Salgado, director del Observatorio de Salud Pública Global de la Escuela de Salud Pública Bloomberg, de la Universidad Johns Hopkins, y profesor y mentor de la mayoría de estos sanitaristas.[35]

Dos días después, el 16 de marzo, el subsecretario de Salud volvía a refrendarla al afirmar que lo ideal «sería que el presidente padeciera coronavirus, ya que, al no ser una persona de especial riesgo, se recuperaría al cabo de 14 días y quedaría inmune»,[36] olvidando tal vez que la máxima autoridad de la República es un adulto mayor con antecedentes cardiacos, lo que lo ubica entre la población de riesgo.

La máxima autoridad de la pandemia también pecó de ignorante cuando afirmó que, si se enfermaba de COVID-19, el presidente quedaría «inmune», «como la mayoría de las personas». ¡No! Hoy sabemos —en realidad, desde agosto de 2020— que, en el caso de esta enfermedad, la inmunidad natural no proveniente de la vacunación puede durar unos cuantos meses.

En este punto hay que explicar dos problemas fundamentales. Primero, las pruebas serológicas rápidas que se utilizan para hacer este tipo de estudios de tamizajes serológicos no son muy exactas. Y, en segundo lugar, la respuesta inmune varía mucho entre una persona y otra. Por ejemplo, incluso en ciudades donde se detectaron altísimos picos de fallecimientos a causa de COVID-19, las pruebas serológicas indican que solo un promedio de 20 % tiene anticuerpos contra el SARS-CoV-2: 23 % en Nueva York, 18 % en Londres y 11 % en Madrid.[37]

En teoría, las personas recuperadas de COVID-19 que han perdido los anticuerpos pueden infectarse infinitas veces.

Hay un brazo del sistema inmunológico que se conoce como sistema inmunológico celular (linfocitos T), el cual parece conferir, por lo menos, inmunidad parcial. Pero no tener anticuerpos, ya sea porque no se generaron suficientes durante la infección o porque se perdieron con el tiempo, es un problema serio que deja a las personas susceptibles a una reinfección.

Hoy por hoy, sabemos que sí se da la reinfección de COVID-19; muchos casos ya han sido documentados en todo el mundo. Nos referimos al contagio del mismo virus a la misma persona.

Pero volvamos a López-Gatell, cuando el 16 de marzo declaró, en un nuevo ejercicio de estupidez, que «la fuerza del presidente es moral y no es una fuerza de contagio». Ese día, las redes sociales y los medios de comunicación estallaron cuando después dijo: «Casi sería mejor que padeciera (el presidente) coronavirus, porque lo más probable es que él en lo individual, como la mayoría de las personas, se va a recuperar espontáneamente».

En ese momento fue cuando me dije: «Este cuate se está yendo por la inmunidad de rebaño». Después de esta declaración y la de los niños infectados en la escuela de un par de días antes, pensé que todos los líderes de opinión de nuestro país de los gremios de la ciencia, la academia y la medicina iban a poner el grito en el cielo.

Me equivoqué durísimo. Solo hubo burlas acerca de «la fuerza moral».

López-Gatell estaba abiertamente sugiriendo gestionar el contagio, es decir, dejar que la gente se contagiara, algo que muchos entendieron de forma errónea como inmunidad de rebaño, asumiendo (sin evidencia alguna) que todos los infectados se recuperarían de la enfermedad y quedarían inmunes.

Las cifras ocultas, las interpretaciones sesgadas y las verdades a medias han sido graves, pero el mayor error fue otro: para que en México —con una población aproximada de 127 millones de habitantes— se pudiera dar una inmunidad de rebaño efectiva, por medio de la infección natural masiva de la población, tendrían que infectarse entre 88.9 y 101.6 millones de personas. De ellas, entre 13.3 y 15.2 millones requerirían hospitalización, entre 4.4 y 5.1 millones alcanzarían un estado crítico y tendrían que ser tratadas en unidades de terapia intensiva con ventilador. Entre 3.5 y 3.8 millones de personas morirían.

Y ¿qué hay de la supuesta inmunidad que esta estrategia iba a conferir al resto de la población mexicana?

Es claro que el programa propuesto por López-Gatell no corresponde a principio alguno ni a métodos aprobados para el control epidemiológico de las enfermedades infecciosas. Al contrario: el objetivo ante una epidemia de este tipo debe ser contenerla lo más rápido posible, antes de que ocurran muchos contagios. Entre más pronto, menos costoso (en términos de vidas y dinero), y menos complicado en el plano logístico.

Para decirlo de forma sencilla: respecto al manejo de un brote infeccioso, ningún manual de epidemiología propone dejar que la gente se contagie.

Otro error del funcionario es que acude a un remedio de «inmunidad de rebaño», un término con el que, al igual que otros colegas, estoy en desacuerdo. Primero, porque lo adecuado es hablar de inmunidad comunitaria. Pero, más importante que eso, es que este concepto se refiere, en realidad, a la inmunidad adquirida por vacunas, y no a dejar que la población se infecte intencionalmente, como receta el funcionario. Esto es un conocimiento básico para cualquiera que haya estudiado medicina.

El fiasco del siglo

En un estudio de la Universidad de Stanford, publicado a finales de abril de 2020, se señaló que a pesar de estimar que entre 48 000 y 81 000 de los residentes del condado de Santa Clara, en California, habían sido infectados por el virus, solo entre 2.5 y 4.2 % de las personas estudiadas a principios de abril presentaban anticuerpos contra el virus. En el estado de Nueva York, las cifras, dadas a conocer el 23 de abril de 2020 por el gobernador Andrew Cuomo, señalaban que solo 13.9 % de los residentes del estado presentaba anticuerpos contra el virus. Más recientemente, el 15 de diciembre de 2020, el Instituto Nacional de Salud Pública dio a conocer los resultados preliminares de la Encuesta Nacional de Salud y Nutrición COVID-19, demostrando que solo una cuarta parte de la población mexicana ha estado infectada por el virus SARS-CoV-2 y que de esos, el 80 % ha presentado la enfermedad sin síntomas o muy leve.

La evidencia científica con la que se cuenta en este momento indica que llevaría más de un año y medio para que entre 70 y 80 % de la población adquiriera inmunidad natural, y que se diera así una inmunidad de rebaño efectiva sin vacuna.

Lo que en uno de mis artículos llamé «el fiasco del siglo» consiste pues en haber apostado —contra toda la evidencia científica— por una estrategia que implicaría sacrificar la vida de más de 3.5 millones de personas, pensando que seguramente sería el camino más fácil y menos costoso.

La estrategia de la inmunidad de rebaño no ha sido nombrada así de forma explícita por las autoridades, más que en una ocasión, el 30 de junio de 2020, por el doctor José Luis Alomía, director de Epidemiología de la Secretaría de Salud de México, durante la conferencia de prensa vespertina sobre COVID-19. Al hacer un recuento de las personas que se habían recuperado dijo: «134 957 personas que ya se recuperaron de la enfermedad y lógicamente también esperamos, con base en lo que hasta el momento se conoce, que ellos formen parte de este grupo de personas que en este momento son inmunes a la enfermedad y podrán entonces contribuir más adelante con los que se sigan incrementando a esta inmunidad de rebaño que se quiere lograr en un futuro próximo».[38]

Las acciones de nuestras autoridades pasaron rápidamente de la insuficiencia a la negligencia.

Tan solo 14 días después de reportarse los primeros casos en México, López-Gatell declaró que sería «demasiado complicado» seguir tratando de rastrear los casos y contagios.

Pasamos entonces de la ilusión de un posible control a la *vigilancia centinela*, modelo que proporciona cifras generales y estimaciones, pero que no está diseñado para controlar una pandemia de esta magnitud y complejidad.

Para explicarlo, vamos por partes.

El sistema Centinela, muy similar a los modelos de vigilancia de Canadá y Estados Unidos, fue creado en México en 2006 con lineamientos de la OMS para efectuar una vigilancia epidemiológica del virus de la influenza estacional. Con la información proveniente de 26 000 unidades de salud monitoras de enfermedades respiratorias virales (USMER) distribuidas a lo largo de la República, el sistema Centinela recolecta información sobre enfermedades de tipo influenza (ETI) por medio de muestreos. Con un método parecido al de las encuestas, permite calcular el lugar y la cantidad de personas contagiadas.

Con la norma oficial mexicana NOM-017-SSA-2-2012 para la vigilancia epidemiológica, todas las clínicas, los hospitales y consultorios públicos o privados están obligados a informar a la Secretaría de Salud los casos de enfermedades respiratorias que detecten. Este cúmulo de datos, que claramente depende de la voluntad y velocidad con la que estos centros de salud privados y públicos notifican las cifras de contagios verificados, se concentra en un banco de datos del cual se obtienen mapas, que a su vez muestran la incidencia de los padecimientos en toda la República mexicana.

Estos datos también incluyen la vigilancia mediante laboratorios donde se realizan pruebas y análisis a pacientes con padecimientos respiratorios. Así, se puede monitorear el comportamiento de los virus y detectar eventuales mutaciones.

También permite calcular la demanda de servicios de salud en cada uno de los 32 estados de la República. Hasta enero pasado, el sistema Centinela monitoreaba 13 tipos de virus, pero cuando empezó el brote en China se añadió al mismo el SARS-CoV-2.

El detalle es que, en marzo de 2020, la Secretaría de Salud decidió usar este modelo de forma recortada y adaptada, en lugar de aplicar pruebas masivas en la población para detectar contagios. Se le bautizó como «modelo Centinela» para, según López-Gatell, obtener datos más precisos y rápidos que realizar millones de costosas pruebas diagnósticas entre la ciudadanía.

El problema entonces es que, al adaptar y hacer más pequeño este sistema —redujo esas 26 000 USMER a 475 (en una oportunidad, el subsecretario mencionó que incluso eran menos, una 375 USMER)—,[39] López-Gatell condenó todo el esfuerzo de control de la pandemia. Al recortar el equipo ya no es posible tener estimaciones reales de lo que está pasando con el virus en todo el país.

También desactivó «el sistema de vigilancia nacional» para usar «solo probabilística, sin testeos, ni monitoreo», como dijo el exmaestro del funcionario de salud de López Obrador, el epidemiólogo Carlos Castillo-Salgado, refiriéndose al modelo Centinela.[40]

Si por lo menos hubiera utilizado el modelo completo, eso nos habría dado una mejor idea de cómo se estaba propagando el virus en todo el país. En cambio, y como explicaré más adelante, lo que obtenemos son cálculos burdos. Y a esto se suma que, cuando la pandemia pasó a la fase 2, la Secretaría de Salud dejó de hacer el rastreo de contactos y desestimó medidas como el cerco sanitario, el diagnóstico del mayor número posible de personas y seguir a todos sus contactos y aislarlos.

El 8 de abril, en la conferencia de prensa transmitida en vivo, el encargado de llevar las riendas de la pandemia se enredó con una serie de argumentos confusos que solo dejaron en claro dos cosas: la pandemia es un fenómeno «inconmensurable» al que, en segundo lugar, es «ocioso tratar de medir de forma directa»; léase: un costoso testeo de COVID-19 que permitiera evaluar a grandes porciones de la población.[41]

Como dije, otra negligencia en la gestión de la pandemia ha sido la insistencia en que la realización de pruebas diagnósticas masivas no tiene utilidad.

De acuerdo con López-Gatell, el modelo Centinela es más eficiente que testear a gran parte de la población. «De 127 millones de habitantes, basta entrevistar a 3 500, 4 000, 5 000 personas», ha dicho. El modelo «es tan robusto» que apenas tiene un «pequeño margen de error de 2 a 3 %». En este punto, se desconoce cómo llega el funcionario a la cifra de infectados, que según él contendría ese mínimo «error», pues nunca fue capaz de aclararlo.[42]

Lo repito por si quedan dudas: para no realizar testeos masivos, López-Gatell se apoya en este modelo y el 8 de abril admitió que, utilizando el modelo Centinela solo allí donde se cumpliera «la definición de caso en las unidades de salud monitoras de influenza o en el 100 % de los casos graves, y también entre los que fallezcan, habrá una prueba para el diagnóstico».[43]

López-Gatell pergeñó una estrategia en la que solo se testaron los casos graves de COVID-19 y las muertes resultantes de la enfermedad.

Por otro lado, según las declaraciones del doctor Carlos Castillo-Salgado, le indicó a su exdiscípulo, Hugo López-Gatell, que debía usar el modelo Centinela completo. Era indispensable utilizar las 26 000 USMER y no solo 475 —o la cifra de 375 que el equipo del subsecretario mencionó en una de sus ruedas de prensa—. De lo contrario, malograría todo el trabajo de contención, que fue lo que terminó por ocurrir.

Finalmente, una aclaración respecto al sistema Centinela: no es un mecanismo de control, como muchos creen, sino una herramienta de vigilancia que permite tener datos de la expansión de los contagios en la población.

Si a este modelo no se le suman medidas de contención —testeo masivo, confinamiento, rastreo de contactos, etc.—, resulta un mero generador de información, lo que en sí mismo no está mal. Sin embargo, lo deseable habría sido que esta herramienta informativa fuese considerada la pauta, el estándar dorado para tomar acciones de contención.

Tal como se presentó el modelo Centinela, no nos sirve de mucho saber si en determinada zona hay 4 000 contagios; lo que realmente necesitamos saber es si esos 4 000 infectados están dispersos y en dónde, para poder detectar exactamente dónde está ocurriendo el brote y saber a dónde ir para contener, confinar, y prohibir migraciones de personas, etcétera.

En definitiva, con este modelo las autoridades se resignaron a ser espectadoras de la catástrofe. Solo reportan los datos que tienen a la mano, con fines meramente informativos, pero las cifras y estadísticas no conducen a la toma de decisiones informadas; la estrategia nunca se ha basado en evidencias. Continúa inamovible sin importar el número de casos y muertes que se cuenten o se estimen.

5. Fase 2.
Decisiones que sentenciaron a muerte a miles

Palacio Nacional, 27 de marzo de 2020.

—Mi nombre es Víctor Hugo Borja Aburto, soy epidemiólogo y director de Prestaciones Médicas del IMSS.

—Dulce Soto, de *Reforma*. ¿Cuáles son los requisitos para que las personas tengan acceso a esta incapacidad?

—Tener los síntomas relacionados con coronavirus. Toda persona que tenga fiebre, cefalea… ¿Cuáles son los otros?[44]

La respuesta del epidemiólogo del IMSS, ignorante de un tema básico como los síntomas de COVID-19, debería haber funcionado como presagio de lo que ocurriría en México.

Estábamos ya en fase 2 con el primer confinamiento masivo nacional —la Jornada Nacional de Sana Distancia— en marcha, y los desaciertos apenas comenzaban. De hecho, el subsecretario tardó demasiado en decretar la fase 2, caracterizada por las infecciones locales. Carlos Castillo-Salgado denunció que el funcionario, «por orden del presidente» y con la idea de priorizar la economía, no decretó a tiempo la fase 2, lo cual «fue un gran error» Cabe señalar: mientras el primer

119

reporte oficial de contagios se dio el 28 de febrero de 2020, las bases de datos abiertas de la Secretaría de Salud registran casos que datan del 8 de enero de 2020, casi dos meses antes.

Un mes después de registrarse las primeras infecciones de COVID-19, López-Gatell declaró por fin la fase 2, pero dejó de hacer el rastreo de contactos, desestimó medidas como el cerco sanitario, diagnosticar al mayor número de personas posibles y seguir a todos sus contactos y aislarlos.

Y el mismo 24 de marzo, cuando se declaró oficialmente la fase 2, nuestro vocero de la pandemia emitía una declaración desafortunada sobre las cifras de mortalidad del virus frente al presidente de la República mexicana: «Mientras que, muy triste y desafortunadamente, algunos países ya tienen decenas, centenas o millares (de muertos), nosotros apenas tenemos cuatro, muy desafortunadas, pero solo cuatro muertes».[45]

El subsecretario se refería a las 6 842 muertes por COVID-19 de Italia, a los 1 100 decesos que ya registraba Francia y los 963 que acumulaba Estados Unidos. Comparaciones absurdas si se considera que la pandemia llegó a nuestro país mucho después. Comparaciones mañosas, si se toma en cuenta la política sanitaria escogida por el gobierno: la de no aplicar o aplicar pocas pruebas de detección de COVID-19, lo que ha resultado en no saber en realidad cuánta gente se ha infectado o ha fallecido. El 28 de diciembre, las cifras oficiales reportaban 122 426 defunciones, pero los reportes de exceso de mortalidad indicaban que al 21 de noviembre, 254 625 muertes podían atribuirse a la pandemia, más de 132 199. Quizá nunca sepamos con exactitud cuántas personas se infectaron y murieron de COVID-19 en México, debido a la negligente y poco transparente gestión que ha encabezado López-Gatell.

Mientras, confinada en casa, yo tuiteaba y escribía con urgencia artículos en los que señalaba los errores de la estrategia sanitaria del gobierno. En paralelo, y sin conocerme, el matemático de la UNAM, Arturo Erdely, hacía lo suyo desde su especialidad.

Hasta el momento en que se declaró de forma oficial la pandemia, ninguno había escuchado hablar del otro, y apenas hace unos meses, durante una videollamada, nos vimos las caras por primera vez. Desde marzo, cada uno en su burbuja se dedicaba a exponer por todos los canales posibles los errores de la estrategia gubernamental contra la COVID-19, aportando cifras y literatura científica que apoyara en forma contundente la necesidad de un cambio de dirección.

En el caso de Erdely, su misión desinteresada se concentró en destacar y corregir los errores que contenían las estadísticas presentadas por López-Gatell en cada rueda de prensa, por lo menos hasta el momento en que el actual subsecretario decidió dejar de difundirlas. Detrás de estos señalamientos al equipo dirigido por López-Gatell, hechos en redes sociales y artículos publicados en diversos medios, las motivaciones de Erdely han sido puramente académicas y no esconden un intento desestabilizador, como miembros del gabinete de Andrés Manuel López Obrador y ciertos sectores de la prensa han tratado de hacer creer.

De hecho, desde 2006, este matemático y profesor universitario, que en su tiempo libre estudia húngaro y toca el piano, ha hecho campaña por López Obrador. «Desde entonces he perdido muchas amistades, el Peje es un personaje que polariza», admite este doctor que enseña en la Facultad de Estudios Superiores (FES) Acatlán, de la UNAM.

UNA NUEVA ARITMÉTICA

Sobreviviente de cáncer, Arturo Erdely mantiene una relación cercana con su médico, con quien luego de cada consulta se enfrasca en encendidas discusiones sobre política. Cuando estalló la pandemia y López-Gatell empezó a presentar sus cifras de contagios «reales», su doctor lo llamó: «Arturo, tú que le sabes a los números, ayúdanos con esto. ¿Cuál es el número real de infectados?». «En ese momento, aún no se contaba con el modelo Centinela adaptado por las autoridades para la vigilancia de la pandemia, o por lo menos no se hablaba de él. Ni existían las bases de datos», recuerda el matemático, quien accedió al pedido de su otorrinolaringólogo y, armado de lápiz y libreta, empezó a escuchar los informes en vivo del subsecretario de Salud y a anotar las cifras que allí se presentaban. Cifras que provenían únicamente de la Secretaría de Salud; es decir, los casos confirmados de COVID-19 y las muertes certificadas por esta enfermedad.

«Al principio, las conferencias me gustaban, sobre todo apreciaba que los funcionarios salieran a diario a informar y dar la cara. Y me daban flojera cuando no estaba presente López-Gatell, porque realmente es un provocador», evoca Erdely, quien, con el objetivo de defender al actual gobierno, emprendió esta tarea que se sumó a las que ya tiene como investigador y profesor de tiempo completo. Enseguida se dio cuenta de que, con la poca información disponible, el contagio real podía ser «20 veces la cifra oficial».

El 8 de abril, la Secretaría de Salud presentó el modelo Centinela y, unos días más tarde, la primera base de datos pública, recuerda Erdely. «Por curiosidad personal, quería corroborar mi hipótesis de cifras, y ahí fue cuando, escuchando a López-Gatell, me desconcertó el múltiplo que presentaron, 8.3, resultado de dividir el total de casos de COVID-19 estimados, 26 519, entre el total acumulado de casos confirmados al 8 de abril, 3 181».

Ese día, López-Gatell aseguró que la epidemia en México era «ocho veces más grande» de lo que reflejaban los números. «Ocho veces, ocho veces, ocho veces de lo que se ve; la epidemia es ocho veces más grande, lo cual no cambia, no cambia las decisiones», dijo precisamente ese 8 de abril, cuando llamó «factor de corrección» al factor multiplicador que estimaba la dimensión real de la epidemia en nuestro país.[46]

O sea, para calcular el número real de personas enfermas, el vocero de la pandemia indicó, un día después, que había que multiplicar por ocho el número de contagiados hasta el momento.[47] «Estimaron un total de 26 519 casos positivos de COVID-19 hasta la semana epidemiológica 13», explica Erdely. Pero veamos esto más en detalle.

En uno de sus primeros artículos sobre el tema, Arturo Erdely afirmaba que «no quedaba claro hasta dónde abarca realmente la semana 13. Definitivamente no son las contadas desde el inicio de la epidemia en México (27 de febrero), porque desde entonces solo habían transcurrido seis semanas».

Para que fuese válido que 26 519 se dividiera entre los 3 181 casos confirmados al 8 de abril, había que aceptar que la primera «semana epidemiológica» fue del jueves 9 al miércoles 15 de enero, seguía Erdely en la misma publicación. «Aquí, el problema es que del 28 de marzo al 8 de abril el número total acumulado de casos confirmados se multiplicó por 3.8 veces, por lo que, jugando con distintas fechas dentro de ese periodo, se llega a factores muy distintos». Estos van de 8.3 a... ¡31.3 veces!

De modo que el múltiplo de López-Gatell, que seguramente se debió a cuentas «hechas en caliente», conjetura Erdely, era en realidad 31.3. Había que multiplicar todo por 31 para darnos una idea de la realidad.

El 16 de abril, prosigue Arturo Erdely, se difundió por segunda vez información del modelo Centinela, que recoge información de 475 unidades monitoras de enfermedades respiratorias de entre las más de 26 000 unidades de salud en todo el país. Pero el actuario y matemático se sorprendió cuando ya no escuchó más del famoso factor. «Nadie preguntó nada, a pesar de que varios reporteros presentes en la conferencia habían recibido mis datos. Me sentí decepcionado y escribí un segundo artículo con más detalle, porque a partir de ese momento empecé a notar más inconsistencias. Es decir, no había el más mínimo rigor metodológico en las cifras presentadas por la Secretaría de Salud».

Hasta ese momento, Erdely, como yo, creía que alzando la voz podía lograr que el subsecretario corrigiera los errores de cálculo que estaba señalando. «En Twitter nadie me pelaba, apenas llegaba a los 700 seguidores, casi todos alumnos míos. Siempre usé esa red social para dar mi opinión y ni un retuit lograba», admite divertido, pero a raíz de su artículo «Aritmética lópez-gatelliana», publicado en la revista *Nexos* el 19 de abril, el *hashtag* #AritméticaLópezGatelliana fue *trending topic*.

Así fue como, por las plataformas digitales, me enteré de la existencia de Erdely. Por primera vez, una persona que sabía de lo que hablaba, y que no era un político sin mayor formación que la experiencia de pegarle constantemente a la oposición, le asestaba a López-Gatell, con argumentos científicos como única arma, un golpe donde aparentemente más le duele: su ego.

Tal como sucedió conmigo, a partir de sus artículos y opiniones expresadas en redes sociales, desde el gobierno y ciertos sectores de la prensa empezaron a atacarlo. No lo trataron de «gorda», «dentista» o «inválida» —por aquello de la esclerosis múltiple—, pero Erdely también tuvo que aguantar distintos tipos de amenazas. «El activista e ideólogo de Morena, Pedro Miguel, me echó encima todo su ejército de pejetrolls, descalificándome en términos muy duros», recuerda, a partir de meterse con «la aritmética» de López-Gatell.

Ese múltiplo proveniente de las usinas lópez-gatellianas, el famoso factor 8.3 —8.33, según Erdely—, y que en estadística se llama «factor de expansión», porque permite amplificar un valor hacia lo que no se alcanza a ver —en este tema, todos los casos no registrados de personas infectadas—, reflejaba lo pequeña que era la epidemia en México en la semana 13. Habría sido muy controlable que alguien tomara las decisiones difíciles que había que tomar. Pero yo veía venir lo que luego sucedió en nuestro país.

Por esa época, Erdely recibió un mensaje inquietante: un miembro del gabinete de seguridad de López Obrador le escribió por Twitter para pedirle su número de teléfono. En la llamada, que se concretó poco después, este funcionario le dijo que había leído su escrito y que le interesaba saber «qué estás viendo [en sus estadísticas]». El matemático le respondió que las autoridades sanitarias estaban cometiendo errores y le explicó brevemente en qué consistían. La comunicación con el funcionario, que ya no pertenece a la actual administración, finalizó a los pocos segundos, cuando le dijo a Erdely: «Tengo muy buenos amigos en la FES Acatlán». Esa aclaración, innecesaria, era un intento de intimidación. A pesar de ello, el matemático le mandó más información. «Nunca más me llamó, claramente estaba blofeando», recuerda.

Lo más grave de todo esto es que nadie, absolutamente nadie de la Secretaría de Salud, se comunicó después con Erdely. Por supuesto, el cambio de estrategia que este esperaba a raíz de sus intervenciones, no sucedió. El 11 de abril, al ser cuestionado sobre la posibilidad de corregir el rumbo de lo que a todas luces no estaba funcionando, López-Gatell fue tajante en su respuesta: «No necesitamos cambiar la estrategia [...] esta estrategia la definimos en enero y es para toda la epidemia».[48]

Su declaración explica por qué se hace tan poco para mejorar la calidad de los datos. Aunque los casos y las defunciones aumentan de manera alarmante, la estrategia definida antes del inicio de la pandemia se considera inamovible; los datos son solo descriptivos, se deja que las cosas ocurran y la autoridad se limita a reportarlos.

«A partir de ese momento, todo lo que generara controversia y críticas a la autoridad encargada de manejar la pandemia se hizo a un lado. Nunca más hablaron del factor, que era indefendible. Se dieron cuenta de su equivocación, pero el estilo de este gobierno es nunca reconocer un error», dice con cierta desilusión Erdely.

«ESTAMOS MAL, PERO VAMOS BIEN»

El 16 de abril, en «la mañanera» del presidente y también en la rueda de prensa vespertina a cargo de López-Gatell, se presentaron los datos para nuestro país que Apple y Google dieron a conocer en sus reportes de movilidad comunitaria. Los informes permiten conocer la observancia, por parte de la ciudadanía, de las estrategias y campañas gubernamentales de mitigación de la pandemia, a partir del aislamiento y del distanciamiento social.

Tanto el presidente de México como el subsecretario de Salud repetidamente enfatizaron que la respuesta de los mexicanos ha sido «muy buena», que «vamos bien». En palabras del presidente: «Si hemos tenido buenos resultados hasta ahora, ha sido porque la gente ha aplicado las medidas, ha hecho caso, nos ha ayudado y se ha comportado de manera ejemplar, sin prohibiciones, sin uso de la fuerza, sin toque de queda».[49]

Bueno, una vez más, me permito disentir.

Cuando se presentan los datos de un país de manera aislada, sin el comparativo con otros países, su interpretación resulta incompleta y tendenciosa. No quiero pensar mal, pero la recurrencia en la utilización de este «recurso» por parte de nuestras autoridades hace plausible suponer que esa es, precisamente, su intención: difundir interpretaciones sesgadas.

El informe de Google del 11 de abril indica que en México se ha reducido en 66% la movilidad para compras no esenciales y recreación, 63% en el transporte público y 54% en parques, playas y otros espacios abiertos.

Esas cifras, vistas como valores aislados y sin referencia comparativa alguna, podrían llevar a muchos a pensar que, efectivamente, «vamos bien». «¡Caray! son reducciones de más de 50%, suena bien», ¿cierto? Pues no.

Sonaba bien, pero no estaba bien. Expliqué con datos duros por qué no íbamos bien, y por qué era necesario hacer un llamado enérgico a las autoridades para que tomaran un control real de la situación y se dejaran de discursos demagógicos.

En pocas palabras, de los países citados, a excepción de Estados Unidos, México era uno de aquellos que la comunidad observaba menos las medidas de mitigación. Tuvimos —una vez más— la oportunidad invaluable de aprender de las experiencias previas de otros países, y de actuar en consecuencia para lograr un mejor resultado. No lo hicimos al inicio de la pandemia y aquí estamos: a punto de entrar en la etapa más dramática, en la que veremos morir a muchos mexicanos —trágica e innecesariamente—, con nuestro sistema de salud en riesgo de colapsar y las autoridades sanitarias orilladas a redactar documentos para asentar los criterios que el cuerpo médico deberá seguir para decidir qué mexicanos recibirán tratamiento y a cuáles se tendrá que dejar morir.

Todavía es tiempo de actuar. Siempre será tiempo para actuar y corregir el camino, por lo menos parcialmente.

Esta no ha sido una catástrofe de corta duración. El fondo del abismo no lo podemos siquiera visualizar todavía. Por mal que se ponga la situación en un momento dado, se puede caer aún más profundo. Recordemos que la gran pandemia de influenza de 1918 a 1920 se dio en tres oleadas y duró cerca de 3 años, cobrando la vida de entre 30 y 50 millones de personas.

Si bien es cierto que este primer «tsunami» ya no se puede detener, sí se puede, por lo menos, tener un control parcial de cuántos ahogados habrá. Las acciones que emprendieron las autoridades en los países que mantienen a raya la propagación de contagios así lo demuestran.

Los datos indican que, incluso en países donde hay una observancia de las medidas de mitigación muy superior a la que ocurre en México, cuando el avance de la pandemia (la «curva») llega al crecimiento exponencial, e incluso cuando se inicia la declinación, el resultado es dramático. Basta con ver que en países como España e Italia, que iban de bajada en su «curva», después de muchas semanas se seguían presentando en promedio entre 4 169 y 5 890 nuevos casos, y entre 631 y 721 nuevas defunciones cada día. Ni hablar de países como Francia y Reino Unido, que iban un poco atrás y cuyas «curvas» estaban apenas en la fase de crecimiento. Ahí, en promedio se estaban presentando entre 4 951 y 7 266 casos nuevos, y entre 752 y 980 nuevas defunciones diarias. Los cuatro países anteriormente mencionados tuvieron, además, índices de mortalidad muy elevados, en el rango de 10.2 a 12.8%, a pesar de que sus capacidades económicas y sus sistemas de salud son muy superiores a los nuestros.

Y tenemos el ejemplo de un país en el que la observancia de las medidas de mitigación es aún peor que en el nuestro, Estados Unidos. El resultado funesto es evidente: más de 200 000 casos nuevos y por arriba de 3 000 defunciones al día en promedio.

En conjunto, los datos indican que, si en algunos momentos durante la fase 2 parecía que «íbamos bien», pero era solo porque estábamos atrás cronológicamente en el desarrollo de nuestra «curva» y porque nuestras autoridades se empeñan cada día en hacernos creer que era así.

No hay evidencia alguna para suponer que nuestro caso será milagrosamente distinto del de los demás países.

No hay estampitas ni amuletos que nos protejan de eso. Hay solo evidencia, y esta indicaba —de manera simple— que, con los niveles de observancia de las medidas de mitigación que teníamos, sin medidas de contención y con una terrible estrategia de comunicación hacia la población, la situación iba a ser muy grave. Y eso es precisamente lo que ocurrió.

Ya basta de minimizar la situación y de querer pintar de rosa los hechos. Los mexicanos no necesitamos que nos digan las cosas bonito y con cuidado, necesitamos que nos digan la verdad con todas sus palabras, por dura o difícil que sea.

Nos merecemos esa consideración.

El tipo de manipulación de la opinión pública que las autoridades emplean no solo es insultante, sino verdaderamente peligrosa, irresponsable y contraproducente para el esfuerzo de minimizar el efecto negativo de la pandemia. El escudo de evitar el pánico entre la población no los protege más.

Aquí, el verdadero peligro es la displicencia y valemadrismo de la población, no el pánico.

Tal vez con un poco más de pánico la gente hubiera acatado de mejor manera, y sin quejas, las medidas de mitigación. Lo cierto es que apremia que nuestras autoridades tomen medidas contundentes para minimizar la pérdida de vidas y el sufrimiento que están asomándose ya a la vuelta de la esquina. Es urgente que las estrategias se ajusten, sobre la marcha, de acuerdo con las evidencias científicas disponibles y con la experiencia de otros países.

La evidencia científica es clara. Las medidas de mitigación mediante el aislamiento y el distanciamiento social funcionan. Entre más temprano se instituyen y más estrictas son, funcionan mejor.

Salvan vidas.

6. Fase 3.
La curva interminable

La fase 3, la más grave de la pandemia, implica que el virus está tan integrado a la población que es prácticamente imposible dar seguimiento a la cadena de contagios. La transmisión se ha generalizado tanto que el contagio es comunitario y los casos diarios se disparan.

En nuestro país, esta etapa comenzó el 21 de abril. Y no hubo cambios en la estrategia sanitaria: nada de pruebas diagnósticas masivas ni rastreo de contactos, pero sí un férreo monitoreo de la capacidad hospitalaria. El éxito de la estrategia de López-Gatell se traducía, para él, en la baja ocupación de camas en hospitales públicos.

«Nuestra curva de pacientes recuperados, personas que se han recuperado de la enfermedad, ayer era de 59; hoy día ya son 60% de los casos confirmados, 134 957 personas que se recuperaron de la enfermedad, y lógicamente también esperamos, con base en lo que hasta el momento se conoce, que ellos formen parte de este grupo de personas que en este momento son inmunes a la enfermedad y podrán entonces contribuir más adelante, con los que se sigan incrementando, a esta inmunidad de rebaño que se quiere lograr en un futuro próximo».

El 30 de junio de 2020, el director general de Epidemiología de la Secretaría de Salud, José Luis Alomía Zegarra, afirmaba que lo que se buscaba era llegar a la inmunidad de rebaño, una estrategia que ya había sido descartada por Suecia y Reino Unido por la cantidad de muertos que acumulaban.

Fue muy sorprendente que el funcionario dijera esto porque ya teníamos una pandemia a todo lo que daba. Unos dos meses después, en septiembre, la revista médica The Lancet denunciaba que, según la Organización Panamericana de la Salud, unos 97 632 trabajadores de la salud mexicanos se habían contagiado de COVID-19 entre el 28 de febrero y el 23 de agosto. Según la directora de dicha organización, Carissa Etienne, las estadísticas afirmaban que casi 50% de los trabajadores de la salud de nuestro país carecía de equipo de protección indispensable para ejecutar sus tareas.

Según un informe de Amnistía Internacional, al 3 de septiembre unos 1 320 trabajadores mexicanos de la salud habían perdido la vida a causa de COVID-19, la cifra más alta del mundo.[50] En ese funesto ranking, el segundo lugar es de Estados Unidos, con 1 077 muertos, entre médicos, enfermeras y otros trabajadores hospitalarios. En tercer lugar estaba Reino Unido, con 677 decesos en el mismo giro.

¿Les suenan estos tres países? Salvo Reino Unido, que en el último momento matizó su estrategia de inmunidad de rebaño, los tres han seguido esa política para la gestión de esta pandemia.

Hugo López-Gatell se refirió a dicho artículo en su rueda de prensa, transmitida en vivo, al afirmar que «decir que tenemos una política de no realizar pruebas o no rastrear contactos» eran «francas mentiras».

Si hay algo que debemos reconocerle al subsecretario de Prevención y Promoción de la Salud, es ser tan consistente en su postura de negar sistemáticamente sus dichos, registrados casi sin excepción en video y viralizados. El 10 de junio, López-Gatell, enfático, declaraba: «Ha persistido la idea de que el número de pruebas realizadas para diagnosticar COVID-19 sirve para controlar la epidemia. No funciona así. No existe ninguna conexión técnica, científica, lógica y automática entre el número de pruebas y el éxito del control».[51]

Ay, Hugo, ni tú ni nadie puede resistir un archivo.

El día en que se dedicó a refutar la información de *The Lancet*, se enfrascó también en una romántica descripción de Oaxaca y «otras 31 entidades federativas» donde, comentó, las brigadas comunitarias realizarían «un trabajo muy dedicado para ir casa por casa haciendo promoción de la salud, explicando los riesgos, invitando a las personas a que sean atendidas oportunamente, haciendo los estudios de casos y contactos».[52]

La historia seguramente juzgará a López-Gatell por reemplazar los muy necesarios testeos masivos en la población por un mecanismo estadístico que solo produce registros incompletos, como el modelo Centinela. De todas formas, agrega Erdely, «desde un punto de vista estadístico, si de esas 26 000 USMER se usan 475 escogidas con un criterio adecuado, pueden igualmente arrojar una estimación real». Como en este gobierno hay una «política de austeridad extrema como ningún gobierno de derecha se atrevería a implementar, no quisieron ampliar la muestra a una cantidad superior de USMER porque eso hubiera significado hacer más pruebas diagnósticas». O sea, sencillamente, gastar más dinero.

Si el equipo de López-Gatell se abstuvo, a partir de la polémica suscitada por el factor 8.3, de seguir mencionando los datos arrojados por el modelo Centinela, adaptado, como dijimos, del sistema original, se asume que este último sigue funcionando todo el tiempo, sobre todo en los últimos meses del año, que corresponden a la temporada de influenza.

En varias oportunidades, Erdely solicitó al Instituto Nacional de Transparencia, Acceso a la Información y Protección de Datos Personales (INAI) datos sobre el modelo Centinela. «Una vez me contestaron que la información no estaba disponible, otra vez me dijeron que figuraba en el *Boletín Epidemiológico*», explica el matemático, refiriéndose a esa publicación semanal del Sistema Nacional de Vigilancia Epidemiológica (Sinave), en la que, luego de las efemérides de rigor —Día de la Radiología, en la semana 44, por ejemplo—, se contabilizan casos de enfermedades infecciosas, como sífilis, rubéola o hepatitis A, entre otras. La mención al COVID-19 parece una broma: apenas se mencionan generalidades sobre la pandemia y algunas declaraciones de la OMS preparadas por estudiantes de medicina. No hay cifras sobre el avance de la pandemia en nuestro país.[53]

Además, cabe aclarar que, por orden de la Secretaría de Salud, el INAI permaneció cerrado a consultas de este tipo durante gran parte de la pandemia. Una jugada muy útil que le permite a la máxima dependencia sanitaria evitar proporcionarle datos y cifras a este instituto supuestamente dedicado a garantizar el acceso a la información. «Ahorita no me moleste con sus pedidos de información. Tenemos cosas más urgentes que resolver», pareciera ser el mensaje de la Secretaría de Salud.

Está claro que «a pesar de erigirse como abierto y transparente, este gobierno solo informa lo que quiere», se lamenta Erdely. «Como no hay leyes que lo obliguen a dar las cifras del modelo Centinela, verdadera caja negra de la pandemia en México, pues simplemente no las comparten. Hacerlo sería "darles armas a nuestros enemigos", deben haber pensado».

Otro aspecto que ilustra la irresponsabilidad de López-Gatell es el grupo de matemáticos convocados para armar el modelo a partir del cual se elaboran los pronósticos probabilísticos de la pandemia y que, según el periodista y médico Javier Flores, serviría, entre otras cosas, para «aparentar un sustento científico».

Sobre las características del modelo, con la excepción de algunas generalidades, «durante varios meses permanecieron en un inexplicable hermetismo», sigue Flores, quien también destaca que, en declaraciones a un periódico, el director general de Epidemiología de la Secretaría de Salud, José Luis Alomía Zegarra, sostuvo que este modelo matemático, cuya propiedad intelectual pertenecía «al Conacyt», no era de dominio público. De este modo, el secretismo y misterio surgidos alrededor del AMA creó más incertidumbre entre la comunidad médica y científica.[54]

Por esas fechas, López-Gatell aseguraba en sus apariciones públicas que, si las autoridades se quedaban cruzadas de brazos, morirían 30 000 personas, pero que la pandemia se iba a terminar muy pronto, entre el 23 y el 25 de abril.

Para abreviar: sin intervenir, o sea, sin hacer nada, el problema se iba a terminar solito.

En medio de todo eso, el gobierno, que dijo haber tomado supermedidas, argumentó que la curva más alta iba a registrar 7 500 casos en un día y que eso sería lo más grave que los mexicanos tendríamos que enfrentar. De ahí en adelante todo iba a ser amor y paz, con una bajada en las cifras muy rápida y hermosa para el mes de julio.

Estábamos a mediados de abril, y Arturo Erdely comenzaba a recibir mensajes de sus colegas que, en privado y «por su bien», le aconsejaban que se callara. El grupo de los matemáticos que en nuestro país se dedican a la estadística es reducido, y las intervenciones de Erdely en las redes sociales para corregir a Gatell ya se habían viralizado.

Fue entonces que, cuando quedaba más que claro que esos modelos expuestos por el subsecretario no se iban a cumplir, un miembro de este grupo de matemáticos se comunicó con a Erdely. Este último se esperaba una andanada de insultos, pero fue grande su sorpresa cuando el catedrático lo felicitó por «su valor». «Sé que estás expuesto, y yo también estoy corriendo un riesgo al buscarte, pero quiero contarte cómo lo estoy viviendo de este lado. La verdad es que este gobierno está haciendo todo mal. Cuando nos llamaron, de un día para otro nos pidieron un modelo matemático».

No fue nada extraño que la mayoría de todos estos matemáticos pertenezca a un centro de investigación adscrito al Conacyt. «A cualquiera que tenga una plaza en este centro lo pueden correr en cualquier momento. Despedir a un académico de una universidad pública y autónoma es mucho más complicado. Y al día de hoy, noviembre de 2020, no he recibido ninguna señal extraña», explica Erdely. Cuenta, además, que su confidente le contó cómo tuvo que firmar una carta en la que se le advertía que cualquier filtración de su trabajo para la Secretaría de Salud tendría consecuencias. «Nos metieron mucho miedo, pero quiero que sepas que no somos unos burros, el gobierno está haciendo un mal uso de nuestros modelos». Sin embargo, ante las cámaras, López-Gatell solo arrojaba flores a «estos maravillosos grupos académicos que coordina el Conacyt», proveedores de estas «proyecciones o predicciones de la curva epidémica de casos», como dijo en una oportunidad.[55]

Estos modelos matemáticos que se utilizan para epidemias se llaman «compartimentales», porque distribuyen a la población en compartimentos. Según información del Conacyt, el modelo AMA, cuyo nombre corresponde a las iniciales de sus autores, es un modelo compartimental SEIR (personas susceptibles, expuestas, infectadas y recuperadas) que «permite estimar la evolución del número de casos de la enfermedad a nivel de zonas metropolitanas, a partir de los registros de los casos confirmados diarios, las defunciones acumuladas y la demanda hospitalaria diaria, dividida en camas normales y de unidades de cuidados intensivos, publicados diariamente por la Secretaría de Salud».[56]

Hasta ahí, la descripción vertida por el Conacyt sobre el modelo AMA parece en orden. Pero estos modelos compartimentales no se pueden usar para dar estimaciones de «picos»: claramente, los matemáticos que participaron en su creación no tuvieron control sobre su uso, sostiene Erdely. Por supuesto, cuando no se cumplieron «los picos» que estos modelos vaticinaban, se les dejó de mencionar en las ruedas de prensa. Sin embargo, este grupo de matemáticos está obligado a seguir generando reportes, aunque el gobierno no los use.

En un país donde las matemáticas son poco más que una ciencia oculta, algo que solo los «iluminados» pueden aclarar, Erdely no termina de sorprenderse por la repercusión que han tenido sus artículos e intervenciones en redes, en los que demuestra los errores de aritmética básica de la Secretaría de Salud.

Según el catedrático, desde el inicio de la pandemia, los principales errores cometidos por las autoridades de salud en cuanto al manejo de las cifras de la epidemia han sido tres. En primer lugar, «la incorrecta interpretación de las estimaciones del modelo Centinela y el mal cálculo que hicieron de un factor de 8.3 veces para relacionar casos estimados con confirmados».

Segundo, se equivocaron al «dar estimaciones de fechas para alcanzar picos epidémicos»: 8-10 de mayo para el Valle de México; 20-22 de mayo a escala nacional, que luego sería en la segunda quincena de junio y, después, en la primera quincena de julio. Finalmente, el primer pico a escala nacional ocurrió a finales de julio.

Como dije antes, los modelos matemáticos que ocuparon no deben utilizarse para pronósticos, porque se tienen que recalibrar constantemente con la nueva información y son muy sensibles a cambios en la tendencia de la epidemia.

En tercer lugar, fue un grave error «decir que el escenario catastrófico de muertes por COVID-19 en México era de 60 000. Esa cifra ha quedado ampliamente rebasada». En junio, López-Gatell esgrimió como un cálculo «muy catastrófico que pudiera llegar a [haber] 60 000 [muertos]». A finales de 2020 se registraron oficialmente el doble de defunciones.

«¿QUÉ RAYOS ES UN PRENÚMERO?»

Quien tomó la estafeta de Arturo Erdely en su labor de insistir para que la Secretaría de Salud aclare sus cifras confusas, que en gran medida provienen de mezclar fechas y marcos de referencia distintos, fue la joven reportera Dulce Soto, del periódico *Reforma*, a la que en una oportunidad López-Gatell humilló en una de sus ruedas de prensa transmitidas en vivo. «La insistencia de esta reportera en el famoso factor provocó que el 3 de mayo se presentara por última vez una estimación del modelo Centinela», cuenta Erdely. Mientras el vocero de la pandemia en México disparaba su diatriba contra los matemáticos «que hablan del descubrimiento de nuevas aritméticas», esta reportera fortalecía la idea de que «López-Gatell es un mentiroso», agrega.

Cualquiera que haya seguido alguna de estas ruedas de prensa, que se celebran en Palacio Nacional desde que comenzó la pandemia, se habrá dado cuenta de que, además de su facilidad de palabra, el subsecretario de Salud se caracteriza por la invención de términos y cifras sin asidero, y que el 2 de mayo lo dejaron en evidencia frente a millones de espectadores.

Ese día fue útil para quienes siguieron toda su cadena de incongruencias y errores porque, en primer lugar, terminó por admitir que su adaptación reducida del sistema Centinela, el famoso modelo Centinela, «aceptaba la realidad».

¿Qué quiso decir el subsecretario al otorgarle capacidades emocionales y cognitivas a una simple base de datos? La explicación que dio fue la siguiente: «La realidad es que este [la pandemia] es un fenómeno inconmensurable (algo que ya había dicho un mes antes, el 8 de abril), de modo que no podemos ni queremos, ni sirve medirlo de manera directa, y de pretender que se puede medir de manera directa estaríamos cayendo en una falsedad, porque se pensaría que puedo detectar a todos y cada uno de los casos, y la cuenta de casos que tuviera de manera directa siempre va a representar una proporción menor al 100% de los casos existentes».

El subsecretario admitía en su alocución que este modelo de vigilancia no registraba «todos los casos leves», lo que para el resto de la gente, científicos y no científicos, significa que el modelo deja fuera a muchos otros infectados: los que no han sido admitidos en centros de salud públicos, los que se trataron en su casa, los que nunca se enteraron de que eran positivos, puesto que resultaron asintomáticos y no fueron testeados, y los que fallecieron fuera de hospitales.

Estamos hablando entonces de un subregistro importante que obviamente influye en las estimaciones sobre contagios y fallecimientos a causa del virus, al excluir precisamente los grupos de infectados más numerosos: asintomáticos, presintomáticos y casos con sintomatología leve.

Lejos de admitir esta limitación del modelo, el funcionario indicó que había que aceptar esta «realidad». «Entonces se hace una adaptación para expandir el número con estimaciones que se basan en la dinámica de la ocurrencia de la enfermedad en términos territoriales, la demanda de atención médica y las características de las personas, en particular, por ejemplo, su distribución de edad, para reconocer cuál sería el porcentaje de personas que no están siendo representadas y las que sí se incluyen en las estimaciones correspondientes. Eso en síntesis es lo que ocurre con la vigilancia Centinela», la cual «es eficiente» porque «acepta la realidad».[57]

Aceptar la realidad quiere decir, en la jerga lópez-gatelliana, aceptar que en las cifras públicas sobre COVID-19 no se registran «muchos casos». El subsecretario admitía que había un subregistro de infectados.

¿Qué pensaban hacer con ese problema? Nada, parecía ser la respuesta.

Ahora, recordemos que, desde el 16 de abril, el vocero de la pandemia en México no había vuelto a mostrar cifras de ninguna índole ante la prensa. De modo que, el 2 de mayo, una joven reportera llamada Dulce Soto decidió preguntarle sobre el factor de corrección, que hacía semanas no mencionaba el subsecretario. Así, esta periodista de *Reforma* se convirtió en la pesadilla de López-Gatell.

En voz apenas perceptible, ese día preguntó «si se había modificado el factor de corrección», el múltiplo con el que se calculaban las cifras «reales» de infectados, el cual primero había dado, según el equipo lópez-gatelliano, 8.3, y que según los cálculos del matemático Arturo Erdely era 31.

En dicha conferencia en vivo, con buena dicción y la soltura de un animador de eventos sociales, López-Gatell se dirigió a Soto en varias oportunidades, pero sin responder la pregunta en cuestión. «Usted, usted y usted, y usted, y regresamos al factor que pide Dulce», decía, mientras ordenaba por turnos a los reporteros que iban preguntando. «Usted, usted, y Dulce Soto, la voy a tener que dejar para mañana. Tengo…, bueno, ahorita le explico», seguía, pero sin ocuparse realmente de contestarle a la enviada de *Reforma*. Era evidente que el tema del factor lo estaba irritando.

A punto de terminar el informe diario, parecía que el máximo funcionario a cargo de COVID-19 se saldría con la suya: una vez más evitaría aludir al dichoso factor. Pero, finalmente, su vanidad pudo más: quiso imponer su criterio y responderle a la reportera de ese periódico al que la actual administración no se cansa de denostar semanalmente.[58] Tal vez nuestro subsecretario haya querido castigar a la joven periodista por preguntar algo que no podía responder, por exponerlo y, de paso, castigar al periódico para el que ella trabaja.

«Última pregunta, pero antes, para que no se quede Dulce Soto con la inquietud, se lo digo de manera breve. Este factor de corrección: no hay tal factor de corrección, esto ha sido parte del eco donde se dedica la atención a cosas diferentes a las que aquí se dicen», dijo con calma el encargado de la gestión de COVID-19, para meterse de nuevo en las turbias aguas del sistema Centinela, repitiendo lo que ya muchos sabíamos de memoria: las 26 000 USMER, de las cuales su equipo toma 475, «las unidades monitoras de enfermedad respiratoria aguda».

«Todos los casos graves en las 26 000 unidades se notifican, ahí no hay que hacer ninguna corrección», indicó e ignoró lo que acababa de decir segundos antes: su modelo solo tomaba la información proveniente de 475 unidades, no de las 26 000.[59]

Pero Soto seguía insistiendo en voz baja. «No te voy a dejar ir hasta que me respondas», parecía ser su mantra.

—Usted había dicho que los casos se podían multiplicar por ocho —le espetó la periodista a López-Gatell.

—Se lo estoy explicando de manera panorámica. —El subsecretario hacía tiempo.

—Quiero saber si ese número en concreto se ha modificado ahora que estamos en la fase tres —insistió la periodista, frente a millones de espectadores.

—Dulce, sí, desde la primera vez que presentamos… —El vocero de la pandemia parecía a punto de perder la paciencia.

—Pero, ahora, ¿cuál es el número? —volvió a insistir.

—No hay números, se lo estoy explicando, no es que haya un «prenúmero», se lo estoy explicando —explotó.

Ay. Finalmente, López-Gatell admitía lo que muchos imaginábamos desde hacía semanas. Ese factor, que en algún momento fue de 8.3, y que no era defendible, no existía.

A pesar de que todos los informes en vivo en los que hablaba de este factor habían sido registrados en video, cubiertos por docenas de medios e incluso viralizados, cuando se vio cercado por la reportera, el subsecretario solo atinó a negar su existencia.

Y, de acuerdo con su estilo, siguió inventando jerga seudocientífica para agregar más confusión al asunto. «¿Qué rayos es un prenúmero?», me responde Arturo Erdely cuando le pregunto por este término, intentando aclarar la explicación de López-Gatell.

Si piensan que en ese momento Soto se sentó en su lugar, están equivocados. No. Ella siguió insistiendo, a pesar de que se le veía nerviosa, novata, con poca experiencia en intercambios de este tipo. Su teléfono vibraba, frenético —tal vez era su editor, azuzándola para que le siguiera preguntando al subsecretario—. Su rostro revelaba, sin embargo, que la pantalla de su *smartphone* mostraba algo desagradable. Aun así, levantó la mirada y continuó atormentando a López-Gatell sin perder la compostura:

—Entonces, ¿los casos se pueden seguir multiplicando por ocho como había dicho al principio?

—No, mañana se lo explico, hoy no ponga eso en su nota, no ponga: «Hay que multiplicar por ocho o por 30», mañana se lo muestro a usted y a todos en detalle —respondió su interlocutor, con evidente fastidio y ganas de devolverle la humillación—. Le voy a traer una tablita a usted y a todos, mañana, mañana domingo, aquí trabajamos también en domingo, donde le voy a mostrar para cada una de las semanas hasta la semana 16, que es dos semanas atrás, en dónde vamos.

—Tan solo quería saber si se había modificado… —siguió ella. Pronto fue fácil adivinar en su rostro tenso que, por redes sociales y WhatsApp, la estaban bombardeando con amenazas e insultos.

—No se preocupe, mañana se lo explico. Esto cambia cada semana, cada semana cambia la proporción de personas que acuden a unidades de salud por síntomas parecidos a influenza o COVID, cada semana cambia el porcentaje de aquellos a quienes se les toman muestras y resultan positivos. Mañana domingo explicaremos; mañana es 3 de mayo, Día de los Albañiles.

Lo que sucedió después lo escribió la misma Dulce en el periódico para el que trabaja: «Caminé por unas calles del Zócalo al azar, contrariada, con dolor de estómago, mareada y angustiada. Tuve que silenciar las notificaciones para continuar. Después recibí llamadas y mensajes de apoyo, lo que agradezco profundamente.

»Al siguiente día cubrí la conferencia también para estar presente cuando López-Gatell explicara la "tablita" prometida.

Aunque no hubo espacio para preguntas y los ataques en redes sociales en mi contra iban en aumento, el subsecretario me expuso en toda la conferencia: no paró de repetir mi nombre y me preguntó de qué medio era, pese a que era de su conocimiento. Mientras más personas me ubicaban, más ataques recibía en redes sociales.

»Durante 10 días, más o menos, varios usuarios me insultaron, me enviaron mensajes privados de odio y se burlaron de mí.

»Al final, logramos saber que entonces ya se estimaban 104 562 casos de COVID-19. Se difundió ampliamente que el subregistro era una realidad en México, como en otros países.

»El subsecretario ha reiterado que no es de utilidad conocer caso por caso del virus para tomar decisiones de salud pública. Él es el epidemiólogo.

»Pero yo soy periodista y considero que ningún experto, por más conocimientos que tenga, puede negarnos el derecho a exigir que la información relacionada con problemas que impactan a la población, como esta pandemia, se transparente, aunque solo se trate de estimaciones».[60]

Un día después, el 4 de mayo, Dalila Escobar, corresponsal de *A Tiempo TV*, le preguntaba a Hugo López-Gatell por qué en la página oficial sobre COVID-19 de la Secretaría de Salud (coronavirus-gob.mx) seguía publicada una estadística en la que se mencionaba que ya el 6 de enero de 2020 había, en Nayarit, un caso confirmado de esta nueva enfermedad.

La periodista también mencionó otro error en esa tabla: un caso confirmado el 8 de enero en Tabasco, «para el 14, uno en Aguascalientes, después en Guanajuato, después en Baja California, Ciudad de México, de tal manera que, para el 28 de febrero, México habría llegado con 12 casos de acuerdo con la información que se ve en esta página oficial».

Fiel a su estilo de molestarse con quienes le muestran sus errores y en lugar de pedir disculpas a la audiencia por tan grosero error u omisión de la secretaría a la que pertenece, el vocero de la pandemia le espetó a la reportera televisiva: «Su pregunta es un poco tardía. En el periódico *Reforma*, su reportera lo comentó hace dos semanas y media en un sábado, y ya hicimos la aclaración en su momento, que en el momento de migrar las bases de datos para la integración de un solo sistema o una reasignación equívoca de la fecha de diagnóstico...».

No tiene caso seguir con sus explicaciones, confusas y que solo distraen del foco del problema: la cartera de Salud a la que pertenece es incapaz de mantener un registro ordenado de las pocas cifras reales que posee, habida cuenta de que el mismo López-Gatell ha admitido varias veces que existe un «subregistro» porque solo se toma en cuenta las cifras de individuos hospitalizados y las de personas fallecidas por COVID-19.

La periodista en cuestión no se amilanó y preguntó por qué aún no se corregían esos errores en la base de datos de la Secretaría de Salud. «Vamos a pedirle a la Unidad de Inteligencia Epidemiológica que revise todos los datos», finalizó el subsecretario, agregando a su colorida respuesta términos como «auditoría de datos», «metadatos», «transferencia de cómputo» y «mecanismo de verificación», como para darle un tinte de seriedad a semejante metida de pata.[61]

Como corolario de la arrogancia de nuestras autoridades sanitarias, que dan a entender que los países que han logrado domar la pandemia son unos necios que prefieren gastar fortunas en pruebas de detección y recolección de datos para la confección de estadísticas veraces, el 26 de mayo el máximo vocero de la pandemia en México declaraba con mucha liviandad que «ningún país del mundo cuenta todos sus casos de COVID-19».

Así, Hugo López-Gatell afirmó ese día que cada país tiene una metodología diferente para medir la epidemia y que en el caso de nuestra nación no hay interés en medir «los casos leves», algo que él ya ha admitido varias veces, sino en captar de forma «exhaustiva» las cifras de pacientes graves que requieren hospitalización.

Afirmó también que este subregistro ocurre en absolutamente todo el mundo, aunque en nuestro país se reconoce de forma explícita y no se hace nada por corregirlo. Además de estar a la vanguardia en la gestión de una pandemia, México es, ante todo, un país honesto, fue su mensaje.[62]

Hábil para eludir preguntas que lo comprometen, confundir con falsos tecnicismos y una impaciencia casi teatral con aquellos que se atreven a cuestionarlo, López-Gatell permanece en su cargo sin haber cambiado, a casi 10 meses de declarada la pandemia, el curso de su estrategia sanitaria.

¿Y los muertos? Bien, gracias.

«LA CULPA ES DE LA GENTE»

Al estilo de López-Gatell de negar palabras suyas que han quedado registradas en video hay que sumar su propensión a culpar a otros —la prensa, los matemáticos, las enfermedades crónicas, los mexicanos en general— cada vez que las cuentas no le dan.

O cuando a la gente se le ocurre morirse de COVID-19. Así lo deslizó el 2 de mayo, cuando sostuvo que «desafortunadamente es parte de la realidad, la gente pierde la vida; en México mueren 733 000 personas si tomamos la estadística más reciente de 2018, al año en México pierden la vida 733 000 personas. Las primeras causas son enfermedades crónicas, son diabetes y enfermedad cardiaca y cerebrovascular, insuficiencia del hígado, cáncer, son las causas principales de muerte. Lesiones de causa externa, por ejemplo, los accidentes de tráfico representan la primera causa de muerte en personas menores de 25 años, la primera causa de muerte. No quisiéramos que nadie pierda la vida», dijo, para que no quedaran dudas.

En abril no sabíamos que la inmunidad adquirida por las personas recuperadas de COVID-19 se acababa enseguida. Eso lo supimos en agosto, y poco después, a finales de septiembre, Arturo Erdely volvía a ser noticia al alertar sobre el repunte de la epidemia en México, justo cuando el gobierno intentaba forzar el semáforo para abrir la economía. Casi en paralelo, su texto «Culpando comorbilidades» señalaba la estrategia de López-Gatell cuando sus pronósticos obviamente no se cumplían y las cifras de muertos comenzaban a ser aterradoras: buscar culpables que no sean funcionarios de la Secretaría de Salud.

Así lo explicaba también el periodista Javier Flores: «En la conferencia vespertina del 8 de junio, López-Gatell mostró nuevamente la gráfica correspondiente al Valle de México,[63] siendo más que evidente que los datos reales rebasaban nuevamente la predicción del modelo. Insistió en que el pico máximo se alcanzó en la fecha que él había anticipado (6-8 de mayo), pero el número de casos se ha mantenido posteriormente en lo que él considera una meseta [...] que para ese momento duraba ya más de 20 días. Ante esta discrepancia, el subsecretario no ofreció una explicación satisfactoria, aunque insinuó, que había "modificaciones en la conducta social". Dicho en otras palabras, la culpa de que las predicciones del modelo no correspondieran con la realidad —otra vez, ¡la realidad!— era de la gente».

O de los matemáticos. O del modelo diseñado por ellos.

Así, el 18 de junio, los tres matemáticos que firmaron el modelo admitían que este no había funcionado «para anticipar el fenómeno en su totalidad». ¿Las razones? El AMA posee «limitaciones» y «no considera efectos de granularidad, percepción de riesgo de los individuos o eventos de superdispersión en la fuerza de infección». Esto «disminuye su capacidad predictiva» después de los acmés (término médico que alude a la fase de una enfermedad en la que sus síntomas se presentan con mayor intensidad),[64] explica la mencionada tríada matemática en un reporte en el que con elegancia se deslindan de una responsabilidad, que obviamente no es suya, sino del artífice de este absurdo, López-Gatell, quien prácticamente los obligó, en cuestión de horas, a elaborar un modelo matemático que pronosticara lo que él quería.

Por último, el modelo AMA fue reemplazado por el AMA-2, que nunca se mencionó en las conferencias de López-Gatell. Diseñado por los mismos matemáticos que concibieron al modelo anterior, el AMA-2 se desarrolló «con la finalidad de hacer pronósticos probabilísticos a mediano plazo (algunas semanas) de la presión hospitalaria de COVID-19, después del acmé y/o ante cambios en la tasa de ataque».[65]

Sea como sea, aparentemente, cuando los pronósticos fallan, la responsabilidad nunca es de López-Gatell.

Ni de «sus aritméticas». Y con respecto al AMA, el matemático mexicano Raúl Rojas, de la Universidad Libre de Berlín, declaró a *El Universal:* «Aunque se utilizara el mejor modelo matemático posible, si este es alimentado con datos erróneos o incompletos, no va a proporcionar un reflejo fehaciente de la realidad».[66]

¿La pandemia sigue a todo vapor? ¿Los muertos se acumulan?

En abril de 2020, durante las conferencias de prensa se percibía un murmullo, un señalamiento de dedo con un destinatario claro: el público que mira a López-Gatell por la televisión y las pantallas de todo tipo: «Nosotros les dijimos que se quedaran en casa y ustedes no hicieron caso, ahora miren cuántos muertos tenemos».

¡No! Es cierto que, en este momento, la responsabilidad recae sobre ambas partes: ciudadanía y autoridades. La gente tiene que tomar su responsabilidad y hacer lo necesario para ser parte de la solución y no del problema, en beneficio de todos. Pero no hay que perder de vista que marchamos juntos por este camino, gracias a que las decisiones y medidas tomadas por las autoridades al inicio de la pandemia se caracterizaron por su lentitud, pusilanimidad y carencia de visión.

Los ejemplos de Taiwán y Nueva Zelanda así lo demuestran. En esos países, la situación actual es radicalmente mejor que en casi todo el resto del mundo. Las jefas de Estado de aquellos países, después de haber sido fuertemente criticadas y presionadas al inicio, deben ahora estar burlándose, y con razón. Con toda seguridad, duermen bastante más tranquilas que muchos otros políticos.

Solo espero que, cuando esta historia se escriba, los historiadores no pierdan de vista eso; de otra manera, este evento dejará poco aprendizaje de valor para que generaciones futuras no repitan los mismos errores.

Ninguna medida funciona si no hay mecanismos de control por parte de las autoridades. Aplaudo que se hayan instituido las medidas de mitigación en nuestro país; no así que hayan llegado tarde. Tampoco que se reparta irresponsablemente el discurso de que las cosas marchan bien cuando no se habla de la realidad, y mucho menos que ahora, vuelvo a repetirlo, se esté tratando de llevar la carga de responsabilidad de esta tragedia a los mexicanos.

¿Las cuentas no cierran? ¿El modelo no cumple lo vaticinado? ¡Claro! Se los dijimos: ustedes, los mexicanos, son una bola de gordos y diabéticos, y por eso les va tan mal, pero no se preocupen, no es culpa de ustedes, sino de los «poderes económicos globales» que «han capturado al Estado mexicano» e impuesto una «colonización del paladar de los mexicanos», con base en la importación de «comida chatarra y bebidas azucaradas», como dijo en una improvisada clase de «imperialismo alimentario» Víctor Suárez Carrera, subsecretario de Autosuficiencia Alimentaria, de la Secretaría de Agricultura y Desarrollo Rural.

El 3 de septiembre en Palacio Nacional, delante del director de Epidemiología, José Luis Alomía, este funcionario tomó la palabra frente a miles de televidentes e internautas en la rueda de prensa diaria sobre COVID-19. Nuestro país estaba sumido en una gran crisis por la pandemia y el sentido común indicaba que había que ocuparse de asuntos más urgentes que la captación de la mesa mexicana por parte del «modelo neoliberal».[67]

Bueno, ante esta cantidad de sal, grasa y azúcar que ustedes, mexicanos, consumen en exceso, ahí les va la solución: ¡el etiquetado de alimentos con los sellos negros!

«Además, les dijimos que se quedaran en casa y no se quedaron», exclama con sorna Erdely. Furioso con el partido al que ha apoyado desde 2006, y que desde marzo pasado ha intentado callarlo, todavía le cuesta creer «que el gobierno esté haciendo esto». Y que, cuando presenta cifras indefendibles, «López-Gatell sencillamente asegure que él no dijo cosas ¡que fueron registradas en video!», se ofusca.

«Está claro que la actual administración se inventa sus propias controversias», dice el matemático, quien a su vez aclara que «siempre di por buena la tabla difundida por el gobierno, a la que alimentaba con los datos provenientes de la Secretaría de Salud, a los que daba por buenos. Solo cuestioné la última columna, la del famoso múltiplo. Y creo que es mejor tener ese modelo a no tener nada, como ocurre ahora». De lo que no tiene dudas es que seguirá alzando la voz hasta que termine la pandemia. «Si es que se termina algún día».

Ya con un perfil más bajo, la labor del actuario y matemático continúa, sin embargo, en su sitio web y con sus artículos, que siguen publicándose en diferentes medios. Este investigador lleva un registro actualizado, tal vez el único creíble de nuestro país, de casos confirmados nuevos y acumulados, estimaciones de casos activos y de pruebas positivas a SARS-CoV-2. También conduce un conteo de casos sospechosos (sin resultado todavía), de muertes nuevas y acumuladas, y defunciones sospechosas. Su sitio web incluye también un registro minucioso de los casos y las defunciones confirmados en cada entidad federativa. Y lleva la cuenta, además, del índice de letalidad de la pandemia en México y de las escasas pruebas de laboratorio con resultado (positivo o negativo) que se han hecho hasta el momento en nuestro país.

De la política lópez-gatelliana de no aplicar pruebas —o hacer muy pocas— se desprenden dos aspectos que no pueden ignorarse: en primer lugar, como ha hecho notar Erdely, hasta el 28 de diciembre pasado México había realizado 27.2 pruebas de laboratorio por cada 1 000 habitantes, un promedio en franco contraste con otros países como Sudáfrica (108.9 por cada 1 000), Brasil (134.1), Alemania (401.7), Bélgica (588), Estados Unidos (753.6), Singapur (923.9) y Dinamarca (1 782.5).

Al ser más restringida y selectiva la aplicación de pruebas en nuestro país, esto provoca una tasa de positividad «que tiende a ser mucho más elevada que en países donde se aplican más pruebas, y esto es un argumento (de las autoridades sanitarias) para decir que la positividad de nuestro país no es comparable con otros».

De hecho, en septiembre de 2020, López-Gatell declaró que en la primera semana de ese mes «el porcentaje de positividad ha continuado con una tendencia descendente importante». El matemático de la UNAM, Arturo Erdely, tiene otra opinión: «Al aplicar muchas menos pruebas por cada 1 000 habitantes que otros países, obviamente también se detectan mucho menos casos por cada 1 000 personas. Y esto provoca que la mortalidad en México por cada 1 000 luzca artificialmente más baja» si se compara con la de otros países.

Por ello, nuestro vocero de la pandemia en México elige comparar la mortalidad «por cada X mil habitantes, sabiendo que ahí resultamos artificialmente más bajos, porque conviene al discurso oficial de que no vamos tan mal», agrega. Y lo grafica de forma elocuente: al 28 de diciembre teníamos 948 muertes por millón de habitantes, Alemania 386, Italia 1 209 y Estados Unidos 1 045, con la «ventaja» artificial que le da a México aplicar pocas pruebas y que la epidemia arrancó después que en esos países.

UNA CURA MÁGICA

El 12 de junio, con 16 448 muertes, López-Gatell señaló que no tenía mucho sentido hablar del pico de la epidemia —ni de su fecha probable—. El 23 del mismo mes, cuando el país alcanzó las 23 337 muertes por COVID-19, el subsecretario indicó que el país estaba en «un periodo, tal como se predijo, de estabilización, porque está disminuyendo la velocidad de presentación de los casos».

Al 21 de julio de 2020, México reportó 356 255 casos de contagio confirmados y 40 400 muertes a causa de COVID-19, evidencia suficiente para concluir que las proyecciones dadas a conocer por el subsecretario López-Gatell han fallado y que, lejos de rectificar, ajustar o modificar la estrategia, ha insistido en seguir con la misma. Recordemos que así lo había manifestado en abril, cuando al ser cuestionado sobre la posibilidad de modificar el rumbo de la gestión de la pandemia, su máximo vocero dijo que no se necesitaba «cambiar la estrategia». Sin importar que los casos y las defunciones estuviesen aumentando de manera alarmante.

Por supuesto, López-Gatell no ha sido el único representante del actual gobierno en mostrar negligencia e irresponsabilidad.

En abril, el doctor Gustavo Reyes Terán, titular de la Comisión Coordinadora de Institutos Nacionales de Salud y Hospitales de Alta Especialidad, dedicó algunos minutos de la conferencia de prensa vespertina a difundir información sobre ciertos medicamentos y su posible utilidad para tratar COVID-19, a pesar de saber que se encuentran apenas en fase de investigación, y sin importar los riesgos que implica sugerirle a una población temerosa que en cualquier farmacia del país se puede conseguir la cura mágica contra esta enfermedad.

Todos queremos tener esperanzas y dejar de sentir preocupación, pero poner en riesgo a una población que quiere o no le queda más remedio que creer en lo que dicen sus autoridades es una forma, por demás irresponsable, para tratar de aminorar la angustia del colectivo. En nuestro país, donde sabemos perfectamente bien que se puede conseguir casi cualquier medicamento sin receta ni control médico alguno, el riesgo no es solo la automedicación, que podría llevar a intoxicaciones serias y muertes, sino también el desabasto. Me refiero a la hidroxicloroquina, que durante meses fue promovida irresponsablemente por muchos, como Jair Bolsonaro y Donald Trump.

Recordemos que la malaria en México representa uno de los problemas de salud pública más importantes desde hace mucho tiempo, y que es endémica en varios estados como Chiapas, Tabasco, Oaxaca, Nayarit y Durango, entre otros.

Además, y es algo muy importante, muchos pacientes que padecen enfermedades autoinmunes tan serias como el lupus eritematoso y la artritis reumatoide dependen de estos medicamentos. ¿Cómo se tratarían entonces a todos esos pacientes, para quienes la hidroxicloroquina sí es efectiva, si se hubiera producido un desabasto masivo por la mera ilusión de que quizá podría servir para tratar COVID-19?

Valdría la pena procurar no sumarle defunciones colaterales a la pandemia. En este sentido, cabe mencionar que la hidroxicloroquina y la cloroquina —formas sintéticas de la quinina— son fármacos relativamente antiguos que han sido estudiados, autorizados y utilizados desde hace décadas como agentes para el tratamiento de la malaria (paludismo), el lupus eritematoso sistémico y discoide, y la artritis reumatoide.

Se ha pensado en diversas ocasiones que estos medicamentos también podrían ser efectivos para tratar algunas infecciones virales y fueron particularmente estudiados, sin éxito, contra el SARS (síndrome respiratorio agudo grave) durante el brote epidémico de 2003. Es importante saber que estos medicamentos son potencialmente tóxicos, e incluso letales, si no se administran y controlan bajo estricta supervisión médica. Sus efectos secundarios más frecuentes van desde náusea, diarrea, erupciones cutáneas, cambios en la pigmentación de la piel y debilidad muscular, hasta anemia y la aparición de trastornos visuales o pérdida de la visión, y trastornos auditivos como el tinnitus (acúfenos).

Desde que se comenzó a difundir información sobre la posible utilidad de estos fármacos para el tratamiento de COVID-19, en Nigeria se reportaron ya varios casos de muertes a consecuencia de la intoxicación por sobredosis de hidroxicloroquina, y en el estado de Arizona, en Estados Unidos, se presentó un caso muy sonado de un hombre que murió tras ingerir una forma altamente tóxica de cloroquina, presente en algunos productos para la limpieza de peceras. Afortunadamente, el furor por la hidroxicloroquina parece haber quedado atrás después de la demostración científica de que no muestra ningún beneficio para prevenir o tratar COVID-19. Pero se cometieron muchas irresponsabilidades con la promoción infundada de este fármaco, lo mismo que de varias sustancias como antiparasitarios, antibióticos, antivirales y sustancias producto de la charlatanería como el dióxido de cloro y las nanopartículas cítricas, alguna vez promovidas contra COVID-19 por la secretaria de Gobernación de México, Olga Sánchez Cordero.

7. Medicina de guerra

Regresemos por un momento a los errores de aritmética básica de López-Gatell. El 23 de abril circuló en varios medios una nota con declaraciones del funcionario en las cuales señalaba que, durante la fase 3 de la pandemia, se estimaba que alrededor de 125 000 personas requerirían hospitalización por COVID-19 y que entre 6 000 y 8 000 morirían. El subsecretario declaró: «Son cifras que mantenemos como referencia para garantizar los recursos necesarios».

Dejando de lado lo pavoroso que resulta que la persona al frente de controlar esta catástrofe acepte con naturalidad la previsión de muerte de hasta 8 000 personas, es necesario destacar que, al igual que las cifras presentadas en muchas conferencias vespertinas, López-Gatell se equivocó, otra vez, en la aritmética.

Según estudios publicados en *The Lancet* sobre la distribución de casos, alrededor de 80 % son asintomáticos, presintomáticos o leves, 15 % son severos y requieren hospitalización y 5 % son críticos y requieren cuidados intensivos con ventilación mecánica. De estos últimos, en México, entre 75 y 90 % muere. Si el subsecretario estimaba que 125 000 casos requerirían hospitalización, eso significa un total aproximado de 833 333 infectados; 666 667 casos leves; 41 667 casos críticos y entre 31 250 y 37 500 defunciones.

A esta cadena de errores e irresponsabilidades se suma el protocolo diseñado para la hospitalización de infectados o sospechosos de estarlo. Hoy sabemos que COVID-19 es un síndrome sistémico microvascular, no solo una enfermedad respiratoria, y produce daños en órganos y tejidos, que finalmente pueden resultar en la muerte. Los pulmones son particularmente sensibles, de ahí que prácticamente todos los pacientes que padecen COVID-19 de forma sintomática presentan signos de deterioro pulmonar en mayor o menor grado. A la fecha, no existe ninguna enfermedad causada por virus que se pueda curar o tratar en sus estadios avanzados.

En México, la mortalidad de pacientes atendidos en unidades de cuidados intensivos se ha calculado entre 71 y 82 %, dependiendo del tipo de hospital y la región del país, en algunos, hasta el mes de diciembre de 2020, seguía siendo mayor a 90 por ciento.[68]

La clave, pues, para lograr el control de un evento epidémico de esta naturaleza, ha sido siempre la prevención y la atención temprana, no los cuidados críticos que sirven sólo como un último recurso con poca probabilidad de éxito.

Pero ocurre que, para López-Gatell, la baja ocupación de camas hospitalarias es un índice de que «vamos bien». Obviamente, hasta el mes de noviembre de 2020, hubo pocas camas ocupadas porque se rechaza a la mayoría de los pacientes que se acercan a un hospital con sospecha de infección por COVID-19.

«Mantener las camas vacías no es un objetivo en sí mismo», aseguró López-Gatell el 18 de septiembre.[69] «Mantenerlas vacías es para poder atender personas. Desde hace muchas semanas ya están muy vacías, porque hemos pasado ya el pico, el acmé desde la semana 29, el acmé, el punto máximo de la epidemia», dijo justo cuando el país registraba ya 72 000 decesos y nada indicaba que hubiera una tendencia a la baja en la curva de contagios.

«Tenerlas vacías es un mecanismo, un medio para lograr garantizar que toda persona que tenga COVID suficientemente grave tenga un sitio donde atenderse y con ello disminuir la mortalidad»,[70] dijo este médico que parece desconocer que la COVID-19 tiene un muy mal pronóstico si se atiende tarde, justamente cuando el paciente está «suficientemente grave», en sus mismas palabras. Esto convirtió a México, quizás, en el único país en donde tener camas disponibles en los hospitales jamás se tradujo en una disminución en las muertes.

La intención del subsecretario fue evitar el colapso de los sistemas hospitalarios. Un objetivo afín a la medicina militar o medicina de guerra. Es decir, ante recursos limitados, utilizarlos solo en quienes tienen mayor posibilidad de sobrevivir y en aquellos con más años de vida por delante.

En la guerra, las decisiones se basan puramente en la extensión del daño (de las heridas) y la probabilidad de la persona de morir a pesar de los esfuerzos médicos. Se termina por desestimar el valor de la vida de los ancianos.

Y aquí entramos en un tema que causa escalofríos.

Guía de la muerte

Según nuestra Constitución y la Ley General de Salud, el Consejo de Salubridad General es una autoridad sanitaria que depende directamente del presidente de la República, sin intervención de ninguna secretaría de Estado, y sus disposiciones generales son obligatorias en el país. A muchos de quienes han seguido por redes sociales o la televisión las apariciones del subsecretario de Salud les extrañará leer el nombre de este organismo, que parece tener más poder que nadie en materia sanitaria, pero que durante la contingencia que vivimos ha permanecido en silencio. Es normal que pocos lo conozcan, porque desde que se declaró la pandemia, e incluso antes, no había dado señal alguna respecto del manejo de esta crisis. Lo cual es grave, porque este organismo puede obligar a todos los estados a acatar las medidas de contención que considere necesarias.

Pero el 10 de abril este consejo, formado por 15 integrantes, muchos de ellos de gran prestigio, y que permanecía silenciado desde hacía meses, daba su primera señal de vida al publicar en su sitio web la primera versión de la «Guía bioética de asignación de recursos para medicina crítica». Y digo primera versión, porque quienes la leímos —y descargamos del sitio web del Consejo de Salubridad, ya que después el archivo desapareció del sitio y fue reemplazado por las versiones subsecuentes— no podíamos creer las indicaciones de este manual, que en la práctica sirve para decidir a quién se le negará la atención médica, dejándolo morir, y a quién se le dará una oportunidad de vida, admitiéndolo al hospital.

La primera versión de este manual es un ejercicio de ignominia pensado para instruir al cuerpo médico sobre cómo entrar en una modalidad de medicina de guerra.

En cualquier caso, es despreciable que se haya convocado al Consejo de Salubridad General para discutir el contenido de un documento que la comunidad médica cuestiona, y que va en contra de su principio magno: *primum non nocere*, que en latín significa «lo primero es no hacer daño».

Pero esta guía de la muerte se asegura de que no sean los médicos quienes tomen este tipo de decisiones. Al final, no nos interesa si quienes las toman son los médicos o el grupo de triaje. El concepto de *triaje*, muy habitual en los hospitales, es por el cual se decide quién es el paciente que requiere la atención más pronta y quién puede esperar.

En el caso de esta guía de la muerte, triaje se refiere a otra cosa. Cuando los hospitales se saturen, no quedará otra que adoptar la medicina de guerra. Porque si llegan 1 000 pacientes y solo se tienen 100 camas de terapia intensiva y 100 ventiladores, es preferible salvar a 100 y dejar morir a 900 a que se me mueran los 1 000. En pro de salvar a los pocos que se pueda, no habrá más remedio que sacrificar a los que no podamos atender. Porque no hay camas, no hay enfermeros, no hay equipo...

A partir de diciembre de 2020, con la situación catastrófica que se vive, tal vez se esté ya poniendo en práctica en algunos hospitales del país. Aun así, que un documento de esta naturaleza tuviera que ser redactado me parece vergonzoso.

Pongamos como ejemplo mi caso, una mujer de 51 años que padece esclerosis múltiple. Imaginemos qué pasaría si contrajera COVID-19 y necesitara ser atendida en un hospital. Si junto conmigo entrara a la sala de urgencias una jovencita de 20 años, sin ninguna enfermedad previa, los médicos dirían: «Acá solo hay una cama con un ventilador». Ahí, a mí me dejarían morir. Es un ejemplo real.

Van a decidirse por ella porque yo le doblo la edad y tengo una enfermedad preexistente. Y no significa que mi vida valga más ni menos que la de la jovencita. Pero yo merezco la oportunidad de sobrevivir, lo que no podrá suceder según este documento, el cual advierte que «debe entrar en operación si la capacidad existente de cuidados críticos está sobrepasada, o está cerca de ser sobrepasada, y no es posible referir pacientes que necesitan cuidados críticos a otros servicios de salud».[71]

Este documento vergonzoso fue el camino que le quedó a nuestras autoridades al dejar que la pandemia se desarrollara hasta un punto crítico.

El 30 de abril fue reemplazado por su actual versión, con términos más matizados. Desafortunadamente, llegados a este punto no queda otra que aceptarlo. Lo declaró el propio secretario de Salud, Jorge Alcocer Varela —el supuesto jefe de López-Gatell, por si se habían olvidado de él—, que ante la polémica y las críticas que provocó la primera versión salió a decir: «No tenemos opción».

Aceptar una guía que habla de un «puntaje de priorización», por el cual un paciente gana o pierde puntos según tenga más o menos edad, más o menos comorbilidades, y según sea hombre o mujer. Porque, aunque al inicio de este documento se indica que, en este tipo de decisiones, no deberá tomarse en cuenta «afiliación política, religión, ser cabeza de familia, valor social percibido, nacionalidad o estatus migratorio, género, raza, preferencia sexual, discapacidad», al final termina admitiendo que, en caso de «empate» (no, no es broma, en serio dice esto), habrá que tomar en cuenta que «la tasa de mortalidad por COVID-19 no es la misma entre los sexos». Léase: los hombres suelen morirse más de esta enfermedad que las mujeres. O sea, por si no queda claro: en caso de empate, si esta suerte de competencia se dirime entre un paciente hombre y una mujer, el «ganador» será esta última, como estipula este manual.

Pero no hemos terminado con esta joya de la eugenesia. Si sigue el «empate» —si, por ejemplo, el oficial de triaje se debate entre dos pacientes hombres o dos pacientes mujeres—, la decisión deberá dirimirse... ¡con un volado! Sí, dice eso, en la página 8 del documento, en la que incluso se sugiere resolver la cuestión arrojando «una moneda».[72]

En algún momento, Hugo López-Gatell deberá responder por qué, en lugar de mandar a escribir guías de la muerte, no hizo algo por detener las muertes. Redactada en abril de 2020, esta guía «bioética» es la prueba flagrante de que el máximo funcionario encargado de la crisis sanitaria actual no tenía ninguna intención de detener los contagios. Él y su equipo anticipaban un colapso hospitalario y, previendo ese escenario, sentaron al Consejo de Salubridad, al que en toda la mentada pandemia ignoraron, para que este diga quién debe morir y quién puede tener acceso a un tratamiento.

El colmo llegó en noviembre, cuando a la guía de la muerte le siguió la ayuda «funeraria» destinada a familiares de fallecidos por COVID-19. Como una broma macabra, el 24 de noviembre pasado se completó el «paquete muerte» que propugnan quienes nos gobiernan. Así, el gobierno de México anunció un programa con el que se da un apoyo económico para que familiares de personas fallecidas por esta nueva enfermedad hagan frente a sus gastos funerarios.

El monto otorgado por el Sistema Nacional para el Desarrollo Integral de la Familia (DIF), el organismo encargado de proporcionar los apoyos, es por persona fallecida y asciende a 11 460 pesos, una cifra que claramente hubiera estado mejor invertida en medidas de contención del virus —como pruebas de detección, por ejemplo— y no en subsidios para enterrar muertos.

«Vuelva a su casa»

En México hasta donde sabemos aún no ha sido necesario utilizar esta guía de la muerte, porque las autoridades encontraron, durante unos meses por lo menos, otra forma de evitar el colapso de hospitales: dejar morir a la gente en su casa y darle instrucciones para asegurar que lleguen lo bastante graves al hospital para que rápidamente desocupen las camas; es decir, para que mueran pronto.

Tristemente, esta es la realidad, por más que el más alto funcionario de la gestión de la pandemia diga lo contrario. Así, el 2 de mayo, Hugo López-Gatell instaba en su informe diario a que cualquier persona de «cualquier edad, tenga o no tenga estas condiciones de riesgo y presente dificultad para respirar, acuda inmediatamente a las unidades de salud [...] si usted se espera y llega demasiado tarde, la posibilidad de ayudarle se reduce [...] de modo que cuando usted llega al hospital pudiera estar [*sic*] demasiado tarde».[73]

La realidad es que nuestro subsecretario daba estas indicaciones muy de vez en cuando en los inicios de la pandemia. Aunque sí hubo una oportunidad: el 13 de marzo, cuando la OMS hacía apenas tres días que había decretado la pandemia mundial, López-Gatell dijo claramente: «Si no están en esa situación —mayores de edad, mayores de 60 años, menores de cinco años, mujeres embarazadas o con enfermedades crónicas—, mejor que se queden en casa porque lo más probable es que no se trate de coronavirus; y aun cuando se tratara de coronavirus, lo más probable es que va ser el 80% de personas que no van a tener complicación alguna».[74]

Se supone que, no bien comenzada la pandemia, el subsecretario encargado de contenerla en México no tenía tanta preocupación por las camas de los hospitales. Después, durante los meses de junio, julio, agosto y septiembre, el discurso que se repetía era que había que quedarse en casa hasta que se tuvieran síntomas graves de COVID-19.

Luego, en noviembre retomaron ese discurso, pero terminó siendo confuso para todos los que lo escucharon: «Si hubo síntomas, es procedente que se queden en resguardo domiciliario», dijo Hugo López-Gatell el 18 de noviembre.[75]

Entonces, ¿en qué quedamos? Si tengo síntomas de esta enfermedad, ¿me quedo en mi domicilio o acudo a un centro de salud?

En la práctica, sin embargo, el protocolo de la Secretaría de Salud es muy claro: le ordenan a la población que «vaya pronto a revisarse», pero al llegar *no* los admiten sino hasta que están graves. Les indican que vuelvan a su casa con una caja de paracetamol y otra de azitromicina, con instrucciones de regresar si se ponen peor. O sea, el discurso oficial no corresponde con lo que ocurre en la práctica en los hospitales.

Aquí un comentario sobre el Programa de Atención Comunitaria, Protección y Resguardo que instauró el gobierno de Ciudad de México para detectar oportunamente a personas enfermas, pero además monitorearlas y transferirlas a atención hospitalaria lo más pronto posible. Esta iniciativa es algo separado e independiente del discurso y las estrategias de Hugo

López-Gatell. De hecho, la jefa de Gobierno de Ciudad de México, Claudia Sheinbaum, se ha desligado de las recomendaciones de la secretaría que subpreside López-Gatell. Y los programas que ha emprendido Sheinbaum se han puesto en marcha solo en Ciudad de México.

En la capital mexicana se pretendía ampliar la capacidad para pruebas y rastrear contactos desde junio, esfuerzo que jamás se logró. Ciudad de México siguió haciendo en promedio unas 2 500 pruebas al día. Se dijo en junio de 2020 que aumentaría a 3 700 y mientras que esporádicamente había un día aquí y otro allá en que sí rebasan las 3 500 pruebas, jamás fue la norma, sino la excepción.

Actualmente, quienes están a cargo de la gestión de COVID-19 en la capital mexicana van por su segundo intento por realizar el rastreo de contactos, algo que intentaron en junio y julio, y fracasó. Vemos ahora un nuevo intento con los códigos QR y las pruebas rápidas de antígeno en quioscos, pero con muy poco alcance y éxito. Desde finales de noviembre, en Ciudad de México se aumentó cinco veces el número de pruebas diagnósticas al día, pasando de entre 2 500 y 3 500 pruebas diarias a entre 10 000 y 15 000. Esto fue positivo, sin duda, pero insisto: la medida vino demasiado tarde; ese número de pruebas hubiera sido más útil en mayo de 2020.

Nuevamente sí, ahí está el discurso oficial, pero los datos duros, las cifras de contagios y muertos que se publican día a día, son la evidencia de que mienten. Los esfuerzos han sido tardíos y limitados.

En octubre y noviembre de 2020, el subsecretario de Prevención y Promoción de la Salud, Hugo López-Gatell, se la pasó declarando a los medios que en México se hace rastreo de contactos y aislamiento de positivos, cuando los propios datos de la Secretaría de Salud lo desmienten. En México se hacen dos pruebas diagnósticas por cada caso nuevo confirmado; es decir, no se hace siquiera una prueba completa adicional a cada caso que se confirma.

En México no existe un esfuerzo activo de rastreo de contactos. Pero López-Gatell declaró en varias oportunidades que sí lo había. Lo digo de forma simple: *mintió*.

Por fortuna, nuestra red hospitalaria pública, hasta diciembre de 2020, no había colapsado, en gran parte porque se rechaza a muchos pacientes. Se les decía que volvieran a sus hogares a monitorearse, a contagiar al resto de sus familiares. En la actualidad, en México, en casos de COVID-19, solo se admite al paciente que ya tiene daño pulmonar severo. Médicamente, y salvo esfuerzos heroicos, ya es muy poco lo que se puede hacer por esa persona, a la que se ingresó demasiado tarde.

Por otro lado, gran parte de los que sí logran ingresar a un hospital público mueren. Según una investigación del doctor Héctor Hernández Bringas, del Centro Regional de Investigaciones Multidisciplinarias (CRIM) de la UNAM, basada en las actas de defunción, 88% de las personas que han muerto por COVID estaba hospitalizada en instituciones del sector público.[76]

Al contrario de países como Japón, Corea del Sur o Alemania, donde ante la menor sospecha de coronavirus un paciente ya puede ser admitido en un centro de salud, en México el virus se está tratando con atención médica terminal. Y justamente esta es una enfermedad que se trata muy bien en sus inicios, más o menos bien en la parte media y muy mal al final.

Hay un momento en el que ya no queda otra que ponerle al paciente un respirador y saber que solo se podrá salvar a 10 % de los hospitalizados. Mientras la actual administración siga viendo el número de camas disponibles como un éxito, seguirá muriendo gente: tener camas libres tiene así un costo demasiado alto.

RENDICIÓN DE CUENTAS

Hasta el momento, y a pesar de su verborragia, en ninguna de sus conferencias —ni en otros canales— Hugo López-Gatell ha explicado por qué ha desatendido la abundante evidencia científica que prueba la única forma conocida hasta el momento de frenar la epidemia: tomar las mismas medidas que él rechazó —testeos masivos, aislamiento de infectados, uso obligatorio de cubrebocas, control de fronteras, etcétera.

A las narrativas falsas y contradictorias se suma el desprecio del máximo representante gubernamental en la gestión de la pandemia por el uso del cubrebocas como agente de prevención. También, negar que las personas asintomáticas pudieran contagiar el virus y la insistencia en que la realización de pruebas diagnósticas masivas no tiene utilidad alguna.

Ni hablemos, además, del ocultamiento de datos por parte de este funcionario. Así, como vimos a principios de mayo de 2020, cuando López-Gatell fue incapaz de justificar el factor 8.3 que relacionaba los casos confirmados con los estimados por el modelo Centinela (contagio real) , en noviembre y diciembre repitió con un acto todavía más descarado e imperdonable de manipulación de cifras, que ahora se conoce en redes sociales como #SemáforoGate, cuando tergiversó las cifras de positividad y ocupación hospitalaria para atrasar el paso del color naranja al rojo en el semáforo epidemiológico de Ciudad de México, con tal de que la población siguiera aprovechando las ventas prenavideñas. Ese acto puede haber sido responsable del colapso virtual de los hospitales, de la dispersión descontrolada de contagios y de muchas muertes ocurridas a finales de 2020 y que seguramente continuarán como efecto dominó durante la primera parte de 2021.

A quienes se preguntan cómo es posible que un médico como él, formado con los mejores en su campo, haya optado por una estrategia tan irresponsable, podemos responder, primero, que no es nuestra tarea ver qué demonios pasa por la cabeza del funcionario. Pero, citando a su maestro Carlos Castillo-Salgado, quien ha dicho que, a pesar de contar con «experiencia en brotes infecciosos», el funcionario de Andrés Manuel López Obrador ha dejado que la política «interfiera» en las políticas sanitarias. «Les va mucho mejor a los países que incorporan las recomendaciones de los especialistas».[77]

En lugar de renunciar a su puesto, como hicieron a principio de año dos ministros de Salud del presidente brasileño Jair Bolsonaro, López-Gatell sigue en sus funciones sin corregir el rumbo de una política sanitaria que, a todas luces, no hace más que perder vidas, pero que cuenta con la anuencia presidencial. Por otra parte, son evidentes las ambiciones políticas del funcionario supuestamente dedicado a cuidar la salud de los mexicanos, quien no le teme al desprestigio que su figura ya tiene entre sus pares.

Sin embargo, tarde o temprano vendrá la rendición de cuentas. La historia no suele tratar con amabilidad a los científicos que, en pro de un bien común malentendido y faltando a la ética que su profesión demanda, han abusado de su poder y posición, arriesgando o sacrificando la vida de las personas.

No me cansaré de repetirlo: el precio de la vacilación y pusilanimidad de las autoridades para actuar con rapidez y contundencia al inicio de la pandemia se está pagando con el sufrimiento y la vida de miles de mexicanos.

Desde que empezó la pandemia tuvieron, además de la obligación cívica y moral, infinitas oportunidades de rectificar el rumbo y tratar de resarcir el daño salvando el mayor número posible de vidas. Pero no lo hicieron.

El 20 de julio de 2020, el entonces senador de Movimiento Ciudadano, Clemente Castañeda, y Jorge Álvarez Máynez, secretario general de acuerdos del mismo partido, presentaron una denuncia ante la Secretaría de la Función Pública en contra del subsecretario de Prevención y Promoción de la Salud, Hugo López-Gatell Ramírez, por incumplimiento de sus deberes como funcionario público.[78]

Según se establece en la Constitución mexicana y en la Ley General de Responsabilidades Administrativas, los servidores públicos se encuentran obligados a desempeñar sus funciones bajo los principios de legalidad, honradez, lealtad, imparcialidad, integridad, rendición de cuentas y eficiencia, indica la denuncia. También se acusa a López-Gatell de generar y divulgar «desinformación a partir de un diagnóstico erróneo y una constante subestimación inducida del problema». Su «negativa a realizar pruebas masivas, que permitirían aislar a los contagiados», también figura en la denuncia, en la que también se le responsabiliza de proporcionar «datos incompletos en las proyecciones sobre contagios y muertes a causa de COVID-19».

Además de la denuncia presentada por Movimiento Ciudadano, en septiembre unos 21 senadores y senadoras del Partido Acción Nacional (PAN) denunciaron ante la Fiscalía General de la República (FGR) a López-Gatell por omisiones y negligencia que resultan en atentar contra la vida y salud de las personas. Por otro lado, el senador del PAN, Víctor Fuentes Solís, presentó una denuncia ante la FGR contra el secretario de Salud, Jorge Alcocer, así como su subalterno, López-Gatell, por «tentativa de homicidio y lesiones», como informa el sitio web de Fuentes Solís.

En relación con Hugo López-Gatell, pero también con la OMS, tarde o temprano ambos tendrán que no solo retractarse de la postura tan equivocada e irresponsable que tomaron ante el uso del cubrebocas durante la pandemia, sino que deberán tener la decencia de dar alguna explicación aceptable y disculparse. Recordemos que la OMS se tardó en recomendar oficialmente el uso del cubrebocas para frenar o reducir los contagios, y que su nutrida cadena de errores incluyó un tragicómico ir y venir de declaraciones por parte de la jefa de la Unidad de Enfermedades Emergentes, Maria Van Kerkhove, quien el 9 de junio dijo que no se sabía si los asintomáticos podían contagiar el coronavirus, y menos de una semana después aclaró que era «muy inusual» que los pacientes de COVID-19 sin síntomas transmitieran el virus. «Todavía no tenemos esa respuesta», expresó.

Por último, Andrés Manuel López Obrador también deberá explicar, tarde o temprano, por qué decidió mantener en su puesto al encargado de conducir la gestión de la pandemia, habida cuenta de que las cifras de muertos no paran de crecer.

Llega el invierno, señor presidente, y el escenario sanitario de nuestro país va a empeorar.

Recordemos que, en mayo pasado, cuando muchos creímos que por fin López-Gatell renunciaría o sería removido de su cargo por sus repetidas inconsistencias, errores e irresponsabilidades en la gestión de la pandemia, su jefe, el único al que el subsecretario parece responder, aparecía frente a las cámaras para animarlo: «No estás solo, no estás solo, no estás solo», cantaba el 4 de mayo pasado el presidente de la nación, refrendando su apoyo a López-Gatell como el capitán de este navío que claramente ya estaba naufragando.[79]

«Es el cubrebocas, estúpido»

En todas estas denuncias presentadas ante la FGR y la Secretaría de Salud se inculpa a López-Gatell de desinformar sobre el uso del cubrebocas. De forma sistemática, y hasta el 25 de mayo, cuando empezó a matizar sus anteriores declaraciones, el funcionario difundió ante los medios de comunicación del país información en la que claramente desdeñaba la utilidad de una barrera de protección ya mil veces comprobada por la literatura científica en la lucha contra las infecciones.

Ese día, y después de meses de esgrimir lo contrario (recordemos que el 27 de abril, cuando el país ya reportaba 1 434 muertes por COVID-19, el subsecretario aseguró que «el usar cubrebocas tiene una pobre utilidad, incluso tiene una nula utilidad»),[80] el funcionario reculó unos centímetros en su postura, al decir que «en algún momento se interpretó como que yo era el enemigo del cubrebocas o estaba yo indicando que estaba prohibido usar el cubrebocas». En ese momento, muchos sentimos que, por fin, este hombre iba a reivindicar este pedazo de tela como una importante herramienta en la lucha contra la pandemia.

Pero ¡no! A continuación, y luego de admitir que la persona enferma «que lo use con menor probabilidad va a propagar el virus a otras personas» —bien, estamos de acuerdo con eso, doc—, vino una confusa y absurda perorata en la que no faltaron frases como «[no es efectivo en el caso de quien] estando sano o sana [*sic*]; es decir, el uso del cubrebocas no es un mecanismo efectivo para prevenir el contagio».

¡Válgame Dios! ¡Claro que no es efectivo el cubrebocas si todos estamos sanos!

Si todos lo estuviéramos, no estaríamos discutiendo el tema del bendito cubrebocas ¡desde marzo pasado! Pero ¿cómo saber eso? ¿Cómo distinguir quién está sano de quien no lo está si hoy en México 70 % de los infectados no presenta síntomas y 10 % tiene síntomas muy leves?[81] Y ¿cómo detectar a los infectados si, además, López-Gatell ha decidido no testear a la población?

Y luego volvió a la carga, repitiendo que el cubrebocas es una medida «auxiliar de dudosa eficacia» que puede predisponer a que se relajen «las medidas fundamentales que nos han llevado a una reducción de 75 % en la velocidad de los contagios». No nos detendremos en este último dato, seguramente inventado por López-Gatell, que además parece confundir velocidad con aceleración y que parece ignorar el hecho de que una aparente desaceleración en la curva «no basta para que el número absoluto de nuevos casos diarios confirmados disminuya», como ha demostrado Arturo Erdely.[82]

Veamos la defensa que luego hizo López-Gatell de su postura anticubrebocas: «No existe evidencia científica hasta este momento, que es hoy 25 de mayo, de que este mecanismo pudiera ser útil en forma generalizada [...] Porque el uso de cubrebocas requiere constancia, disciplina, tenerlo todo el tiempo y requiere que las personas que pudieran ser presintomáticas o ya sintomáticas lo tengan todo el tiempo, que no se toquen la cara, que cuando disponen del cubrebocas lo tiren en un sitio seguro para que no lo vaya a agarrar nadie más, que no se tallen los ojos, etcétera [...] Conociendo que una proporción muy importante de la población pudiera no usarlo bien». Así, infiere que —es lo suficientemente astuto como para no decir «No se lo pongan»—, por «mal uso» de este dispositivo, no es adecuado.

Como absurda defensa de su postura, terminó diciendo que «introducir el cubrebocas hubiera resultado en una confusión, como ocurrió en varios municipios, en donde se empieza a querer ejercer la acción coercitiva sobre las personas, poniéndoles multas [de] 4 800 pesos».[83]

Dejando de lado el hecho de que, una vez más, el máximo responsable de la gestión de COVID-19 en nuestro país confunde y distrae cada vez que habla del cubrebocas, cabe un breve comentario sobre la falsa dicotomía que ha logrado instalar. En lo personal, estoy en contra del uso de la fuerza, pero el discurso de López-Gatell se basa nuevamente en una falsa dicotomía: fuerza pública o hagan lo que les venga en gana.

No es así. No es necesario emplear la fuerza pública cuando se informa adecuadamente a la población y se le dan las herramientas necesarias y el conocimiento para actuar como se debe, en favor de sus propias vidas y salud, así como de las de sus seres queridos.

El gobierno, además, tiene muchos recursos que puede establecer para hacer cumplir normas, mandatos y leyes, sin necesidad de recurrir a la fuerza pública.

En sus informes diarios, el subsecretario menciona a menudo no haber hecho uso de la fuerza pública o no haber empleado medidas coercitivas contra la población. Como si eso fuera algo de lo que tuviéramos que sentirnos muy agradecidos, como si debiéramos besarle los pies y decir: «Qué grandioso gobierno que no nos golpeó o mató para que nos pusiéramos un cubrebocas».

Pero ellos están dejando ¡morir a la gente! No hay nada que agradecerles. Esto no es distinto a prohibir el humo del tabaco en espacios públicos, hacer obligatorio el uso del cinturón de seguridad en el vehículo o imponer la prohibición de conducir en estado de ebriedad. No se tiene que golpear o matar a nadie para que no se prenda un cigarro dentro de un avión. Para eso existen las leyes, normas y reglas. Se hacen cumplir y punto. ¿Por qué? Porque incumplirlas pone en riesgo la vida de los demás. Esto no es distinto. La dicotomía planteada por el gobierno es un discurso ficticio. No existe. No hay nada que agradecerle. Y el uso de cubrebocas debe ser obligatorio durante la pandemia. Es algo muy sencillo de lograr y no se requiere la fuerza pública.

Ya lo demostró el *ranking* de resiliencia COVID, elaborado y publicado por Bloomberg en noviembre pasado, en el que, dicho sea de paso, México salió en el último lugar: «El éxito en contener el virus SARS-CoV-2 con la menor interrupción parece depender menos de ordenar a las personas que se sometan, sino de que los gobiernos generen un alto grado de confianza y cumplimiento social».[84] Esto se desprende del citado estudio, que destaca la pobre gestión de la pandemia en algunas de las democracias más viejas del mundo, como Estados Unidos y Reino Unido, en franco contraste con el éxito de países autoritarios como China y Vietnam.

Como indica este *ranking*, es falaz afirmar que las sociedades plurales están peor preparadas para contener el virus: ocho de los 10 países que mejor han contenido la pandemia son democracias. Cuando los ciudadanos confían en quienes los gobiernan, los cierres o bloqueos pueden no ser necesarios, «como lo demuestran Japón y Corea».

El estudio de Bloomberg subraya, además, que el país mejor valorado en cuanto a la gestión del virus, Nueva Zelanda, «enfatizó la comunicación desde el principio, con un sistema de alerta de cuatro niveles que les dio a las personas una imagen clara de cómo y por qué actuaría el gobierno a medida que evolucionara el brote».[85]

Volviendo al tema del cubrebocas, en palabras del periodista de *El Financiero*, Víctor Chávez, este dispositivo textil «ha sido un dolor de cabeza para López-Gatell. Pero con [la jefa de Gobierno de Ciudad de México, Claudia] Sheinbaum la cosa se complicó, porque lo definió como obligatorio [en Ciudad de México], aunque el doctor insistía en que no sirve».[86] Nuevamente, la diferencia en los enfoques que en el ámbito nacional y en Ciudad de México eligieron las autoridades en cada caso no deja de ser elocuente.

Y si hay quien todavía tenga dudas sobre la utilidad de este pedazo de tela que se sujeta de las orejas, diré lo siguiente: a estas alturas no me voy a tomar el tiempo de escribir un tratado sobre la utilidad de los cubrebocas para el control de las infecciones, porque me parece una verdadera necedad.

Mejor les hago algunas preguntas para que ustedes las contesten solos y saquen la conclusión que, desde un inicio, debería haber sido obvia e intuitiva para todos. Si los cubrebocas/mascarillas no sirven para controlar la transmisión de las infecciones,

1. ¿Por qué un cirujano que realiza —digamos— una cirugía rutinaria, como podría ser una colecistectomía por laparoscopía, se coloca un cubrebocas en el quirófano? (aquí la intención es proteger a quien no porta el cubrebocas, es decir, el paciente).

2. ¿Por qué, desde hace décadas, uno de los dogmas centrales para el control de infecciones durante la realización de cualquier procedimiento odontológico es la utilización de cubrebocas por parte del clínico? (aquí la intención es proteger tanto a quien porta el cubrebocas como a quien no lo porta: paciente y clínico).

3. ¿Por qué una de las indicaciones principales que se hace a los pacientes seriamente inmunocomprometidos, cuando tienen que deambular por donde hay otras personas, es que se coloquen un cubrebocas? (aquí la intención es proteger a quien porta el cubrebocas).

¿Todavía son tan ingenuos como para pensar que, en la OMS, como en cualquier otra gran institución u organismo —incluyendo la Iglesia católica, la ONU y todas los demás—, en donde existen jaloneos de poder, todos los que toman decisiones son querubines, discípulos de la madre Teresa de Calcuta, y que no predominan los intereses económicos y políticos muchas veces por encima de cualquier otro?

¿Necesitan que «papá López-Gatell» les dé luz verde y autorización para protegerse a ustedes mismos, a sus familiares y a la gente que los rodea de una enfermedad que los puede matar? ¿Acaso el afán por la obediencia rebasa el sentido común?

¿Requieren que alguien —yo o quien sea— les escriba un tratado sobre el tema para tener un «arma» que les permita justificar el uso de medidas preventivas, que de antemano saben que son efectivas, con tal de esquivar las posibles críticas de una multitud de ignorantes? ¿Acaso el temor al «oso» supera el instinto de supervivencia?

Contéstense las preguntas anteriores y, si después les queda alguna duda de lo que opino sobre el uso generalizado de los cubrebocas por parte de toda la población que deambula fuera de sus hogares, entonces mándenme un mensaje para que se los explique con dibujitos.

Dicho lo anterior, de ninguna manera, enfatizo, *de ninguna manera* estoy sugiriendo que la población general debe utilizar mascarillas de alto rendimiento como las N95 cuando se presentan situaciones de desabasto, esto pondría en riesgo la disponibilidad de este tipo de cubrebocas para el personal hospitalario. Si tienen este tipo de mascarillas, lo mejor que pueden hacer es correr a su hospital más cercano y donarlas. Tampoco estoy sugiriendo que salgan a comprar una reserva de 5 000 cubrebocas de algún otro tipo, y que con ello contribuyan al desabasto para el personal de la salud en el frente de batalla.

Por otra parte, si van a confeccionar sus propios cubrebocas o a comprar un paquetito en la farmacia, o en donde sea, utilícenlos siempre que salgan de casa, desde luego, pero no se sientan inmunes. Tampoco son perfectos los cubrebocas. Usarlo no los exime de guardar distancia de otros, de lavarse las manos, de no tocarse la cara, etc. Es solo una medida preventiva adicional, no una que sustituya alguna otra. Hay que seguirlas todas y, entre más medidas se sigan, mejor. Ninguna medida o acción conducente a evitar los contagios y disminuir la propagación del virus es exagerada en este momento.

8. LA OSCURIDAD DEL INVIERNO

«Cuando ambos indicadores se duplican (el de muertes y casos de COVID-19), creo que esto es un problema bastante serio. Le pedimos a México que sea muy serio», declaró a principios de diciembre Tedros Adhanom, director general de la OMS, en lo que fue el primer regaño público por parte de esta organización a la administración de nuestro país por su negligente manejo de la pandemia.

«El aumento en el número de casos y de muertes en México es muy preocupante. En la semana del 12 de octubre, las muertes fueron alrededor de 2 000. Para la semana del 23 de noviembre, el número de muertes se duplicó a 4 000. Creo que esto muestra que México está en una mala situación. Y cuando ves el número de casos, es lo mismo», sostuvo Adhanom en rueda de prensa. El funcionario agregó que, en el caso de los contagios, en la semana del 12 de octubre en México se acumularon 30 000 casos positivos, mientras que en la del 23 de noviembre la triste estadística de nuestro país superó más de 60 000.

Por su parte, el director del Programa de Emergencias Sanitarias de la OMS, Michael Ryan, a quien mencionaré más adelante, aseguró que el escenario sanitario de nuestro país «es preocupante» y que la transmisión comunitaria continúa muy extendida.

Las malas calificaciones para México en cuanto a su gestión de la crisis sanitaria no terminan allí: en noviembre pasado, Bloomberg difundió su *ranking* de resiliencia a COVID-19, en el que nuestro país quedaba en el último lugar. Concretamente, esta medición lo ubicaba como el peor país del mundo para vivir durante la epidemia de SARS-CoV-2.[87]

A diferencia de Europa, México nunca pudo controlar la pandemia.

El continente europeo logró controlar la primera oleada y ahora está en la segunda. México entró en la primera oleada y allí se quedó, porque nunca se controló. Y asistimos a una aceleración y crecimiento de la pandemia.

En la tercera semana de noviembre tuvimos la cifra récord de más de 10 700 casos confirmados en un solo día. Lo mismo está ocurriendo con las defunciones: en noviembre hubo tres días seguidos en los que se registraron 803, 850, 745. O sea, vamos a tener un escenario que pinta mucho más grave que las escenas dramáticas que vivimos en los meses de junio, julio y agosto.

La positividad de las últimas semanas de noviembre fue de 45.1 %, lo que rebasa la positividad general de toda la pandemia; esto quiere decir que hay un repunte, lo que no hay que confundir con un rebrote, porque aquí nunca se controló el primer brote: seguimos en él.

En México se están registrando casos de forma inadecuada. Es decir, todos los países reportan casos confirmados conforme a las pruebas diagnósticas por PCR, que es el estándar de oro. Como en nuestro país el gobierno se niega a ampliar la capacidad de pruebas PCR, entonces han encontrado, supuestamente, otra manera de reportar los casos. Así, no solo se reportan casos confirmados por PCR, sino también casos por asociación epidemiológica y por dictaminación.

¿Qué es dictaminación y asociación epidemiológica? El director de Epidemiología, José Luis Alomía, explicó que con el ajuste de lo que la Secretaría de Salud llama «Lineamiento estandarizado de vigilancia epidemiológica» se integraron tres elementos para el conteo de casos que ya se habían emitido en julio pasado. Antes de esa fecha, solo se podían confirmar los casos con una prueba de laboratorio.

Con este «ajuste», ahora, y por «asociación», un médico puede clasificar un caso como «positivo» si esta persona estuvo en contacto con alguien que resultó positivo a este coronavirus. «No es necesaria una prueba de laboratorio para darlo como infectado».[88]

En tanto que la dictaminación «es para los casos en que el resultado no se pudo obtener o no se obtendrá, de forma clara, o se encuentra en estado indefinido de confirmación, que pueden ingresar al sistema si está vinculado con la asociación. Se pueden registrar las defunciones fuera de las unidades hospitalarias».[89] Se están haciendo pruebas rápidas de antígeno y parece haber un aumento de los tests por PCR desde diciembre de 2020, pero estas pruebas continúan siendo insuficientes.

Esta negación de las autoridades a ampliar las pruebas nos lleva a que al 28 de diciembre de 2020 se registraban 395 295 casos sospechosos.

Muchas interrogantes surgen de esta cifra, que representa un rezago de casi medio millón de casos. Son muchos: ¿dónde clasificamos estos números?, ¿a los casos confirmados?, ¿a los fallecidos?

Si se ampliaran las pruebas, estos números deberían disminuir, porque significa que se detectan más casos asintomáticos: se hacen pruebas a personas que no son positivas. Aumentar la cantidad de pruebas llevaría a disminuir el índice de positividad, y esto no ha pasado en México durante toda la pandemia.

En resumen, en nuestro país nunca se han hecho suficientes pruebas.

Hipoxia feliz

Así es como llegamos a 2021.

Tenemos frente a nosotros, además del invierno, que ya empezó, otros factores, como influenza, sindemia —término acuñado en la década de los noventa y que describe la interacción de dos o más enfermedades que causan un daño mayor que la suma de estas dos condiciones—, vacunas —aunque solo para algunos pocos mexicanos, por ahora, y como veremos más adelante—, elevada carga viral, mutación del virus... Y lo que ahora se conoce como «COVID largo» o prolongado.

En efecto, informes preliminares del estudio Coverscan, en Reino Unido, afirman que pacientes con síntomas persistentes de COVID-19 muestran daños en múltiples órganos cuatro meses después de la infección inicial. También personas jóvenes y previamente sanas con síntomas continuos de COVID-19 mostraron estos daños.

En la investigación, que tiene como meta estudiar el efecto a largo plazo de esta nueva enfermedad, se monitoreó a unas 500 personas consideradas de «bajo riesgo» con síntomas de COVID-19 en curso. Según el periódico inglés *The Guardian*, los datos preliminares de los primeros 200 pacientes que se sometieron a exámenes de detección sugieren que casi 70% presenta deficiencias en uno o más órganos, entre los que figuran cerebro, corazón, pulmones, hígado y páncreas.

En algunos casos, subraya el estudio, hubo una correlación de los síntomas de las personas y el momento en el que hubo falta de oxígeno. Por ejemplo, las deficiencias cardiacas o pulmonares se vincularon con la dificultad para respirar, mientras que las insuficiencias del hígado o del páncreas se asociaron con síntomas gastrointestinales.

Muchos no saben, y sería maravilloso que López-Gatell lo explicara con lujo de detalle en sus informes televisados ⸺pero sabemos que no lo hará⸺, que la causa principal de fallecimiento por COVID-19 es la falta de acceso a oxígeno suplementario de forma oportuna, esté el paciente en su casa o en un centro de salud. Lo que ocurre es que el virus desconecta los «sensores» de oxigenación de nuestro organismo y el paciente pasa días enteros sin recibir la cantidad de oxígeno adecuada.

Es decir, aunque no presente dificultad respiratoria —lo que se llama disnea—, esta deprivación de oxígeno provoca un daño progresivo en los órganos.

Entre las complicaciones por COVID-19 figuran procesos trombóticos y liberación masiva (tormenta) de sustancias inflamatorias (citocinas). Y lo que se denomina «hipoxia feliz» o silenciosa: el paciente se siente bien, habla e incluso come, pero, como destaca el artículo «Por qué la hipoxemia silenciosa COVID-19 es desconcertante para los médicos», publicado en junio pasado, sus niveles de saturación de oxígeno están tan bajos que el médico «está a punto de insertar un tubo de respiración (endotraqueal) y conectar al paciente a un ventilador mecánico».[90]

Por ello, un aparatito relativamente económico que funciona con dos pequeñas pilas y puede salvar vidas es el oxímetro. La oximetría basal de una persona suele estar entre 92 y 98%. Si está en 90% o menos, esto representa un signo de alerta. Mientras en países como Reino Unido, el gobierno ha invertido desde la primavera de 2020 en informar sobre este fenómeno y proporcionar gratuitamente oxímetros a su población; en México, el doctor López-Gatell no ha hablado siquiera de esta medida que podría salvar vidas, mucho menos de implementarla.

En resumen, el panorama de la pandemia todavía es incierto este año, y más allá. Aun así, después de casi un año de lucha contra el COVID-19, las autoridades sanitarias de distintos puntos del planeta tienen un mejor entendimiento del virus, la mejor manera de frenar su propagación y atenuar sus daños.

Salvo en México.

En nuestro país, el 8 de diciembre de 2020, nueve meses después de declarada la pandemia por la OMS y aun cuando desde hace varios meses quedó superprobado —científicamente, claro— que las personas asintomáticas contagian y que la única forma de evitar que los contagios continúen es hacerles una prueba y aislarlas, el subsecretario de Prevención y Promoción de la Salud, Hugo López-Gatell, no tuvo una mejor idea que seguir repitiendo su viejo y equivocado mantra: «Esta expectativa de "háganme la prueba, aunque no tenga síntomas, a ver si la tengo" no tiene un fundamento científico válido que pudiera ser útil en este momento».[91]

Resulta increíble: a contramano de todos los protocolos científicos del mundo, el encargado de cuidar y dirigir a los mexicanos en esta tormentosa pandemia insiste, con absoluta falta de humildad, en el hecho de que los pacientes asintomáticos no solo no propagan la enfermedad, sino que es relevante identificarlos, cuando son precisamente ellos quienes dispersan más ampliamente la infección entre la población.

Señor López-Gatell, en el dudoso caso de que, por alguna de esas casualidades de la vida, este libro llegue a sus manos, le recomiendo que lea con urgencia el artículo científico publicado a finales de mayo de 2020 en *The New England Journal of Medicine,* en el cual, repito, se califica la infección asintomática como «el talón de Aquiles» de los esfuerzos por contener la pandemia.[92]

NORMALIZAR LA TRAGEDIA

El cinismo del máximo vocero de la pandemia en México había tenido su precuela en septiembre de 2020, cuando respondió al documento «La gestión de la pandemia en México. Análisis preliminar y recomendaciones urgentes», elaborado por algunos exsecretarios federales de Salud: Salomón Chertorivski Woldenberg, José Ángel Córdova Villalobos, Julio Frenk Mora, Mercedes Juan López, José Narro Robles y Guillermo Soberón Acevedo, todos «ponentes de varias sesiones, discusiones y talleres realizados en el Consejo Consultivo Ciudadano Pensando en México».[93]

En líneas generales, ante este documento, que fue presentado en septiembre durante una videoconferencia por los citados seis exfuncionarios de alto perfil, López-Gatell dijo en tono de burla que, si en ocho semanas se podía salir de la pandemia, más valía «patentar» este método.[94]

«Si hay un grupo selecto de exsecretarios de Salud en México que tienen la fórmula para controlar la epidemia de seis a ocho semanas, pues leeré con gran interés el documento. No me lo han hecho llegar, pero espero que esté disponible al público y lo leeremos con mucho interés. Veremos cuáles son las fórmulas que proponen y divulgarlas», dijo el subsecretario, citado por *Milenio*, periódico nacional que, por otro lado, informó erróneamente sobre el título de esta hoja de ruta, que no es, como afirmó en su artículo del día 9 de septiembre, «Plan Nacional para Salir de la Pandemia en 8 Semanas».[95]

Por el contrario, el título correcto es «La gestión de la pandemia en México: análisis preliminar y recomendaciones urgentes», —menos rimbombante que la versión oficial—, y contiene un análisis sobrio y bien documentado que, sin falsas promesas ni discursos simplistas, propone, en medio del caos sanitario que aqueja a nuestro país, un plan de ocho semanas para reencauzar la pobre —y, sobre todo, equivocada— estrategia que el equipo de López-Gatell se empeña en seguir.

«Tenía conocimiento de que iba a ocurrir el evento», dijo López-Gatell en su conferencia en vivo del 9 de septiembre, refiriéndose a la videollamada, difundida por varios medios nacionales, en la que los exsecretarios federales de Salud presentaron el mencionado plan, que incluye la toma de 14 medidas indispensables. «Porque esto me parece que lo promovieron a través de algunos diarios de circulación nacional, en particular el diario *Reforma* les dio cabida», añadió.[96]

Así, con prepotencia y vanidad, López-Gatell volvió a descalificar —y ya van... ¿cuántas? Perdí la cuenta— una opinión contraria a la suya y a sugerir supuestos y turbios intereses escondidos detrás de quienes se atreven a cuestionarlo. Ante esta cerrazón, no cabe más que afirmar que, a poco de cumplir un año de pandemia, López-Gatell se niega no solo a un cambio de dirección en su plan, como por ejemplo se hizo en Alemania, sino a entablar el más mínimo diálogo con quienes, de forma diplomática, le están indicando que no solo está equivocado, sino que su ceguera está cobrando muchas vidas.

Cabe señalar que la respuesta al subsecretario no se hizo esperar: «El documento sobre la pandemia no se trata de una cura mágica ni de algo que queramos patentar, es una investigación probada para controlar el avance de la COVID-19», sostuvo José Narro Robles, uno de los firmantes, al periodista Ciro Gómez Leyva durante su emisión en Radio Fórmula.

Pero dejemos de lado, al menos por un momento, la ironía y soberbia lópez-gatellianas y repasemos brevemente la trayectoria de quienes refrendaron este documento, en el que se solicitó al presidente López Obrador y al secretario de Salud, Jorge Alcocer, invertir 20 000 millones de pesos para aplicar 127 000 testeos diagnósticos por semana, durante ocho semanas seguidas, para detectar el virus SARS CoV-2 entre la población mexicana.

Salomón Chertorivski, por ejemplo, se desempeñó como secretario de Salud de México durante la administración del expresidente Felipe Calderón Hinojosa. Mientras que la médica cirujana de la UNAM, Mercedes Juan López, integró la Secretaría de Salud de los gobiernos de Miguel de la Madrid y de Carlos Salinas de Gortari, para, en 2012, encabezar esta dependencia gubernamental durante el sexenio de Enrique Peña Nieto. Por su parte, Julio Frenk, actual rector de la Universidad de Miami, fue secretario federal de Salud en el gobierno de Vicente Fox. En tanto, José Ángel Córdova Villalobos fungió como secretario de Salud en el mandato de Felipe Calderón Hinojosa y, en 2009, fue el vocero oficial durante el brote de influenza A H1N1. Cabe señalar que, en 2010, recibió por esta labor nada menos que la Orden Nacional de la Legión de Honor, la máxima distinción que concede Francia, por su labor al frente de esta epidemia en México.

El exrector de la UNAM, José Narro fue, además, secretario de Salud de México durante la gestión de Peña Nieto. Finalmente, Guillermo Soberón, también exrector de la UNAM, fue secretario de Salud durante la presidencia de Miguel de la Madrid.

En la mencionada videoconferencia, Julio Frenk hizo un llamado en contra de normalizar las muertes que día a día incrementan la triste estadística en México. Así, destacó que «no podemos acostumbrarnos a una tragedia, ni a que un gobierno se equivoque de manera tan dramática, y que no exijamos cuentas claras. Porque efectivamente se anticipa un crudo invierno. Hay que hacer un golpe de timón. Para evitar que las cifras de fallecimientos lleguen a 130 000 y 157 000 en enero, se debe reforzar el uso de cubrebocas de manera generalizada y reducir los niveles de movilidad».[97]

Supervisado por los mencionados seis exfuncionarios, en este documento de 146 páginas se afirma que la «subestimación de la pandemia» por parte de las actuales autoridades nacionales condujo a acciones tardías.

También se destacó la información «insuficiente y defectuosa» que se ha brindado sistemáticamente a los ciudadanos, «la descoordinación federal y con los estados», «la comunicación inconsistente y poco creíble» también proveniente de las autoridades supuestamente más capacitadas para hacer frente a esta crisis sanitaria, así como «una imperdonable» desprotección al personal de salud. De esta forma, «entre las naciones que peor han gobernado la epidemia, México se encuentra en el primer lugar de muertes de su personal sanitario con 1 320 fallecidos al 25 de agosto. México no protegió a quien protege a sus enfermos».[98]

«Hace 30 años que en México no había una enfermedad infecciosa entre las primeras cinco causas de muerte en nuestro país. Esto es un retroceso de una magnitud enorme. No podemos simplemente echarle la culpa a las administraciones anteriores, como ha sido usual, o a los malos hábitos de los mexicanos», sostuvo, además, Frenk, al destacar que la infección por COVID-19 ya es la primera causa de muerte en México, ganándole a causas otrora frecuentes como la diabetes y las enfermedades coronarias.

Con este plan destinado a enderezar el rumbo de la actual estrategia sanitaria se llamó la atención sobre el hecho de que 79% de los pacientes muertos por COVID-19 en México no llegó a terapia intensiva. «No vale tener camas vacías si a quienes fallecieron no se les atendió», sostuvo, Chertorivski al referirse al documento, que estaba dirigido a López-Gatell —a quien yo llamo su «jefe fantasma»—, Jorge Alcocer Varela, a su equipo y al único líder al que, al parecer, el subsecretario brinda explicaciones, el presidente Andrés Manuel López Obrador.

La hoja de ruta propuesta al gobierno de López Obrador por los seis exsecretarios de Salud consiste en 14 puntos que deben cumplirse durante ocho semanas consecutivas, en los que se solicitó:

I. Cobrar conciencia: la pandemia será larga.

II. Elaborar una base de datos nacional para seguimiento y rastreo de casos y sus contactos.

III. Realizar pruebas masivas de detección (se proponen 127 000 por semana).

IV. Levantar una encuesta serológica nacional (quién fue infectado, quién tiene anticuerpos).

V. Definir un lapso de ocho semanas para implementar nuevas medidas.

VI. En cuanto a la política de comunicación, modificar la directriz: «Si te sientes mal, quédate en casa».

VII. Mejorar y unificar la atención a los enfermos.

VIII. Promover una mayor disciplina social: cubrebocas obligatorio, distanciamiento social e higiene.

IX. Desarrollar un plan de coordinación nacional (federación y estados).

X. Establecer una política económica para quedarse en casa.

XI. Convocar a un comité científico del más alto nivel.

XII. Promulgar una Ley de Cuarentena, para que el Congreso establezca derechos y obligaciones.

XIII. Lanzar una campaña de vacunación extraordinaria contra la influenza.

XIV. Preparar la logística de vacunación contra COVID-19 (distribución justa).

Por su parte, Chertorivski sostuvo en la citada videoconferencia que, con el fin de evitar más muertes, es imprescindible cambiar la instrucción que se les ha dado por diferentes medios a los ciudadanos mexicanos: «Si te sientes mal, quédate en casa».

Para los autores del documento, es vital que todas las personas infectadas reciban atención médica temprana y no cuando ya su estado de salud reviste tal gravedad que no queda nada por hacer. En este escenario de desconcierto operativo y administrativo, e ignorando la gravedad de la evidencia mundial y advertencias dirigidas a México durante los meses previos, llegaron nuevas decisiones críticas. De modo estelar, la directriz gubernamental «Quédate en casa», incluso con síntomas de la enfermedad, debió revisarse ante la paradójica situación de los hospitales que conservaron una capacidad holgada frente a números de fallecimientos muy elevados.

«El 3 de septiembre, a punto del cierre de esta edición —dice la página 90 del documento—, se reveló que de 65 241 personas que de acuerdo con datos oficiales habían fallecido en México víctimas de la epidemia, hasta el primer día de ese mes, 51 924 no habían recibido tratamiento con ventilador ni cuidados intensivos. Es decir, 79.6% de quienes murieron víctimas del contagio con SARS-CoV-2 careció de la atención debida».

Los seis exfuncionarios federales también responsabilizan a la directiva gubernamental «Si te sientes mal, quédate en casa», divulgada entre la población por distintos medios y plataformas, de muchas confusiones y equívocos, y, peor aún, muertes «que pudieron evitarse: casi 80% de las personas que han muerto durante la epidemia careció de la atención especializada requerida. El autodiagnóstico, incluso el asistido telefónicamente, no parece ser una vía cierta y segura. En cambio, los casos de gestión más exitosos en el mundo, incluso con sistemas de salud poco robustos, han convocado a los ciudadanos a los centros de salud lo antes posible, desde los primeros síntomas».

En la videollamada, Córdova Villalobos se refirió, además, a la urgencia de destinar más partidas presupuestarias al sector Salud. «Si no se tienen recursos suficientes, va a ser muy difícil responder adecuadamente a la pandemia», sostuvo, además de que solicitó no considerar este desembolso de dinero de las arcas públicas como «gasto», sino como «inversión».[99]

En este punto, debo decir que vi con alivio que estas seis figuras prestigiosas, vinculadas a la gestión de la salud pública en México, hayan elevado la voz, finalmente, en septiembre de 2020.

Porque, si miro a mis pares es decir, si hablamos de la comunidad científica local, hay que decir que durante toda la primera parte de la pandemia permaneció casi en un silencio absoluto. En nuestro país, los grandes avances científicos siempre han llegado gracias a esfuerzos personales, rara vez concertados en un nivel institucional como parte de un proyecto serio y a largo plazo.

Frente a este fiasco protagonizado por el gobierno, y salvo las mencionadas excepciones, el silencio de la comunidad científica local ha sido elocuente, al menos durante los primeros meses de la pandemia.

Por último, y volviendo a la mencionada hoja de ruta, la eficacia del cubrebocas para frenar la propagación del SARS-CoV-2 fue otro de los aspectos allí analizados. Así, en el capítulo VII, «La ciencia del cubrebocas y su negación», se recalca que este pedazo de tela con resortes es «la medida más sencilla, accesible a toda la población, barata y de gran eficacia para controlar la pandemia».

Uno de los aspectos, sigue el documento, que distingue al actual coronavirus (SARS-CoV-2) de los que causan otras infecciones respiratorias es el papel de las personas asintomáticas. «Los virus respiratorios se suelen contagiar a través de gotículas que emiten las personas enfermas al hablar, toser, estornudar, y aislar a los enfermos era, hasta este punto del conocimiento, la medida esencial para frenar su contagio. Sin embargo, con el nuevo coronavirus —ahora lo sabemos—, una gran proporción de los contagios proviene de personas que portan el virus, aunque ellas mismas no lo saben. Son los asintomáticos, quienes no tosen ni estornudan y no tienen fiebre ni escalofríos, pero al hablar y respirar exhalan aerosoles que son vehículos del virus». Por eso cobra «mucha importancia» utilizar de forma generalizada el cubrebocas.

El plan también menciona un artículo publicado en *The Lancet*, en el que se admitía que «si bien la información aún no es suficiente [...] es cierto que se acumulan evidencias acerca de que el factor decisivo para evitar la propagación del virus es la disminución de las gotículas que dispersamos al hablar, toser, estornudar, cantar». El cubrebocas «no debe ser la única medida que usen los ciudadanos y debe sumarse al distanciamiento social y a la higiene continua de manos». El conjunto de estas medidas preventivas elevará la efectividad del control sobre la propagación del virus.

El documento también cita una reciente publicación científica del mexicano Mario Molina, Premio Nobel de Química: «Identificar la transmisión aérea como la ruta dominante para la propagación de COVID-19», en la que demuestra que «la transmisión aérea es altamente infecciosa y representa la ruta dominante del COVID-19», por lo que el uso obligatorio de cubrebocas es la medida determinante para detener o no la intensidad de propagación de la pandemia. «Nuestra conclusión es que el uso de cubrebocas en público es la medida más efectiva para prevenir la transmisión de la enfermedad entre personas y que esta práctica, que no es costosa, junto con pruebas extensas, cuarentenas y el seguimiento de contactos, plantea la mejor oportunidad para detener la pandemia de COVID-19, antes de que se desarrolle una vacuna».

El artículo fue escrito en mayo de 2020, cuando la posibilidad de una vacuna sonaba casi a ciencia ficción, pero en diciembre, como veremos más adelante, el anuncio de nuestro gobierno acerca de las perspectivas reales de vacunación dejó mucho que desear. Por el momento, solo queda cuidarnos, puesto que en la práctica la vacunación masiva no está a la vuelta de la esquina.

Mientras termino de escribir esto (inicios de enero de 2021), leo con preocupación, en las noticias de hace unas semanas, las declaraciones del presidente de los mexicanos: «Me dicen López-Gatell y Alcocer que no es indispensable», declaró, refiriéndose al bendito dispositivo de tela.[100]

¿Acaso López Obrador ignora el poder que tiene su palabra, difundida ante millones de mexicanos? A quienes dicen que los mexicanos no acatamos las normas, les respondo que no es cierto: los mexicanos sí obedecemos. Por eso nos encontramos así, con miles de muertos, que escucharon decir, erróneamente, una y otra vez, a su presidente y a su subsecretario de Salud que el cubrebocas no sirve para detener los contagios.

La evidencia, como hemos visto, es otra.

HONESTIDAD Y ORACIONES

A finales de marzo de 2020, un artículo en *The New York Times* explicaba la «estrategia» anti-COVID desplegada por el presidente mexicano, Andrés Manuel López Obrador: dos estampas de santos y su escudo protector, «la honestidad», eran todo el arsenal que al mandatario le bastaba para mantener a raya al virus.

Pero eso no era todo. En su relato con el que minimizaba la gravedad de la crisis sanitaria, el artículo describía con elocuencia el momento en que, en plena pandemia, el jefe de Estado mexicano repartía «amor a cientos de personas en sus mítines propagandísticos», al punto de llegar a cargar a una niña y besarla «ocho veces antes de encajarle tres mordiscos en la mejilla».[101]

Se trata de un presidente que, además de darle la espalda a la ciencia, parece ignorar el hecho de que sus actos se difunden en millones de hogares mexicanos —repito, los mexicanos no son necios: imitan a su presidente y allegados.

Ser ignorante no es excusa.

Y lo peor es que López Obrador ignora, además, el hecho de que, por su edad y antecedentes de salud, es una persona de riesgo que debería, ante todo, cuidarse.

Sin menospreciar la valía de las personas que no ostentan este alto cargo, no sería un detalle sin importancia el hecho de que el máximo líder de la República se enfermara de COVID-19, si llegara a ser el caso.

A López Obrador se le ha fotografiado en aviones de línea, sentado y portando el dispositivo textil mientras mira por la ventanilla. Pero, en general, no lo utiliza. Y esto volvió a suceder, no en abril o mayo, al inicio de la pandemia, sino en la primera semana de diciembre, cuando ya hemos leído muchísima información sobre la comprobada eficacia del cubrebocas, en el país que encabeza, las muertes por COVID-19 no paran. Eran ya 106 765 los muertos el día que volvió a desdeñar el uso del cubrebocas.

Me refiero a un acto masivo de una conocida marca de pan de caja, donde el presidente habló ante muchas personas sin usar cubrebocas. Este gesto replica el mismo que en su momento tuvo Donald Trump cuando, aún en funciones como presidente, se arrancó el barbijo en público.

Claro, todo mientras el presidente le carga la responsabilidad a López-Gatell y a Alcocer: «Desde el principio, lo que me han recomendado es que guarde la sana distancia, eso es lo más importante, y el aseo, que me lave las manos, y cuidarnos, que eso es lo fundamental», dijo el 2 de diciembre de 2020.[102] Ese mismo día, el presidente de la República indicó, además, que regularmente se hace pruebas, los mismos testeos diagnósticos que les ha negado a millones de mexicanos.

¿No es una broma de mal gusto decir esto en público? Veamos: «Yo me hago pruebas constantemente, estoy haciéndome mis pruebas, incluso no tengo los síntomas, pero me hago las pruebas para estar seguro de que no voy a perjudicar a nadie», dijo en la mencionada mañanera.[103] Entonces, señor presidente, ¿en qué quedamos? Unos días después, el 8 de diciembre, como ya dije párrafos antes, su epidemiólogo estrella, el doctor López-Gatell, volvió a declarar con su soberbia de siempre que no sirve testear a las personas que no presentan síntomas.

Este festival de cinismo y demagogia incluyó la pintoresca escena en que el mandatario dijo estar en contra de «medidas coercitivas», como «toque de queda» y otras que «quieren mostrar su mano dura, dictadura».

No me volveré a referir a esta polémica pueril y estéril sobre autoritarismo *versus* COVID-19. Sigamos, entonces.

Estamos frente a un presidente al que le gusta repetir frases bonitas como «Este pueblo bueno» o «Primero los pobres», justamente el sector que, irónicamente, resulta el más golpeado por la pandemia, porque solo puede recurrir a hospitales públicos donde, ya lo dije, la probabilidad de salir vivo depende, literalmente, de un volado: uno de cada dos pacientes internados por COVID-19 en el IMSS se muere.

No hace falta entonces repetir que, ante una sospecha de coronavirus o una prueba confirmatoria, en México la gente con dinero se va un hospital privado.

Y les digo algo más de 90% de las personas con COVID-19 que son intubadas en hospitales públicos muere.

Eso es darle una falsa ilusión a la gente, decirle: «No se preocupe, aquí hay para usted un ventilador», equipo indispensable para atender a la mayoría de los pacientes que requerirán cuidados intensivos. De acuerdo, sí. Pero eso tendría que venir acompañado de la leyenda «Menos de 10% de los que acaban con asistencia respiratoria sobrevive». Es muy duro, pero es la verdad. Y nadie en el gobierno lo dice.

O sí, pero lo que en realidad decía el gobierno en marzo de 2020 era un absurdo. Así, los encabezados de los diarios nacionales de finales de marzo señalaban que nuestro país «enfrentaba la pandemia contando con 5 523 ventiladores mecánicos». Y, por entonces, nuestro jefe de Estado, al ser cuestionado sobre este tema, respondió que no había de qué preocuparse, puesto que la economía es fuerte y, de necesitarse más ventiladores, se comprarían. El problema es que pocas vidas se salvan con ventiladores. Se salvan vidas con medicina preventiva y atención temprana de los enfermos.

Nadie actuó a tiempo y, pues, aquí estamos. Con 5 523 ventiladores y 134 638 muertos. ¿Cómo les va a ustedes en matemáticas?

Ahora otra pregunta: ¿por qué ahora en Italia y otros países la gente que llega al hospital tiene muchas más posibilidades de sobrevivir que en México?

Porque allí a la gente la atienden de manera temprana.

No se trata del número de ventiladores. Se trata de la prevención y la atención temprana.

A ver si resulta claro: los microorganismos no piensan. Su única razón de ser es sobrevivir. Y para ello son los campeones; de hecho, son los seres más aptos para la supervivencia de todo el planeta. De modo que, si te gana el patógeno, te lleva el tren. Y, en este caso, perder significa morir. Cuando se lucha contra un microorganismo, las respuestas siempre tienen que ser proactivas, anticipadas. Las acciones reactivas —como la pandemia se ha gestionado en nuestro país— cobran vidas.

El 2 de diciembre de 2020, el presidente Andrés Manuel López Obrador dijo ante las cámaras: «Tenemos que hacerles caso a los especialistas. El secretario de Salud no solo es investigador nivel 3, es emérito, es Premio Nacional en Ciencia. Si el secretario de Salud fuese abogado, con todo respeto a los abogados, yo no le hubiera hecho caso, pero estamos hablando de una eminencia; el subsecretario, lo mismo».[104]

Y sí, tanto el secretario de Salud como su supuesto subalterno, López-Gatell, tienen las credenciales suficientes para ocupar sus cargos. Tristemente, sin embargo, su desempeño durante la crisis sanitaria que vivimos no ha estado a la altura de sus estudios y diplomas.

Entonces, cómo estos dos profesionales de la salud se han subido a este *show* patético de mentiras y desinformación, sin importarles el descrédito que su comportamiento ya tiene entre la comunidad científica local e internacional ni las muertes. Alcocer y López-Gatell aceptaron la tarea que se les encomendó: manejar la pandemia en México sin gastar un peso.

«A ver, Hugo, dime cómo le hacemos», habrá dicho López Obrador. Ahí, el subsecretario habrá esbozado una solución a medio camino entre dejar morir a todos y mantener a raya la pandemia. «No, Hugo, es mucho dinero», le espetaría nuestro presidente. Entonces, al subsecretario se le ocurriría la maravillosa idea de la inmunidad del rebaño. «Los suecos y Reino Unido lo están haciendo así, señor presidente. Así van a morir menos personas que con la influenza». «Ándale, pues. Y vas tú, Hugo, que tienes buen porte, pareces *rockstar* y las chavas mueren por ti. Tú darás las conferencias diarias sobre coronavirus». El presidente, que a costa de la muerte de la gente a la que tanto juró proteger, prefirió seguir invirtiendo en una refinería, un tren y un aeropuerto en medio de la peor crisis sanitaria que el mundo ha visto en el último siglo, zanjó así lo que terminó por definir la suerte de los 134 638 mexicanos que hasta el 11 de enero de 2021 han muerto por COVID-19.

Tal vez así, con lapicera y libreta en mano, fue como se elucubró esta estrategia sanitaria gubernamental. Una en la que la política de desinformar acerca del papel de los asintomáticos en todo este desastre, a pesar de que había cúmulos de evidencia científica al respecto, fue absolutamente intencional. Se buscó que más gente se infectara, lo más rápidamente posible.

Otro detalle grave es que si dejas que la dispersión de la enfermedad en una población siga su curso, si dejas que fluya y se vuelva una carga viral gigantesca, cada mexicano está cada vez con mayor riesgo de infectarse y morir. O sea, si te contagiaste en marzo: «Qué mala pata, te infectaste». Ahora, el virus está por todas partes y es cada vez más fuerte.

Por último, recordemos que, para López-Gatell, al principio de la pandemia un escenario catastrófico era que en nuestro país murieran 6 000 personas. Luego, corrigió la cifra funesta a 8 000. Después, a 12 000. El corolario de este circo patético fue cuando el funcionario, en entrevista con Manuel López San Martín, dijo que un escenario alarmante sería de 28 000, que «se redondea a 30 000».[105]

Sí, leyó bien. El «redondeo» de 2 000 vidas refleja exactamente la mentalidad de este hombre. A asumir que 6 000, 12 000 o 30 000 muertes son un sacrificio inevitable, para que la nación pueda tener el dinero necesario para las obras que favorecen al presidente, es un *crimen*.

9. Hacia una nueva mortalidad

Si hablamos de las obras públicas que nuestro presidente prioriza en detrimento de las vidas de cientos de miles de mexicanos, es oportuno hablar en estos momentos del falso debate que se ha instalado en los medios: economía o COVID-19.

Por obviedad, sale sobrando señalar que no solo las consideraciones sanitarias son de alta prioridad, sino también las económicas. Pero es necesario entender que los problemas económicos no podrán resolverse adecuada ni satisfactoriamente si no se atiende y soluciona primero su etiología: la tragedia sanitaria derivada de la pandemia.

En nuestro país, la problemática económica es ardua y arraigada para la mayoría, y es particularmente complicado como nación sobrellevar una situación como esta con una proporción tan extensa de la población viviendo al día, trabajando por su cuenta sin un salario institucional o dependiendo del comercio informal.

He leído a algunos expresar: «Puede que me muera de coronavirus, pero si no salgo a trabajar, me voy a morir de hambre». Es imposible no comprender, como mexicanos, esa realidad que afecta gravemente a muchos.

Las respuestas no son sencillas; la solución es complicada, pero lo cierto es que, para hacer frente a este problema, se requiere la intervención decisiva de nuestras autoridades en los ámbitos federal, estatal y local, pues tienen la obligación de encontrar soluciones que permitan a ese segmento de la población sobrevivir y salir de la dicotomía entre morir de COVID-19 o morir de hambre.

Es ahora cuando se tiene que hacer uso de esas «finanzas públicas sanas» que se han mencionado en el último año. Es ahora cuando se deben aplicar esos recursos que el gobierno nos ha dicho que ha «recapturado» mediante políticas de austeridad y combatiendo la corrupción. Y si es necesario poner pausa a proyectos gigantescos como la construcción del nuevo aeropuerto, de la refinería de Dos Bocas o el Tren Maya —solo tres ejemplos que están frescos en la memoria de la ciudadanía— o recortar los salarios de diputados y senadores, ¡que así se haga!

Que se haga y se haga ya, porque este asunto no puede esperar y el gobierno no puede desamparar a la ciudadanía.

El discurso repetitivo de la autoridad se ha centrado en gran medida en que se tiene la intención de devolver al pueblo de México lo robado. Bueno, pues es justamente ahora, más que nunca, cuando tiene no solo la oportunidad, sino también la obligación, de hacerlo a gran escala y de pasar del discurso a la acción contundente.

Escucho a muchos repetir que la pobreza también cobra vidas, como si los mexicanos no lo comprendiéramos de sobra desde siempre. Valdría la pena que quienes claman por una movilización precipitada o insisten en normalizar y justificar esta catástrofe para tratar de salvar el pellejo de los políticos que tanto se han equivocado ante esta crisis no se dedicaran únicamente a propagar falsas realidades con laxitud, sino que se sentaran a calcular con seriedad cuánto ha costado ya a la economía nacional permitir que, por irresponsabilidad, se sumaran decenas de miles de muertes a los que ya tenemos.

En México, a diferencia de Europa, la población que más enferma y muere de COVID-19 no es la de los adultos mayores, sino la población económicamente activa. Según un boletín de mortalidad que publicó el gobierno en septiembre de 2020, el rango de edad más afectado fue el de 45 a 64 años, con un exceso de mortalidad de 62.6%.[106] ¿Cómo afectará a la economía en los años por venir haber perdido a tantas personas en edad productiva, que consumían, invertían y que con su trabajo abonaban a las arcas de la recaudación de impuestos? Eso terminará costando mucho más que «detener» la economía tres semanas, un mes o dos más.

Pero las preguntas realmente imperantes ante esta postura tan desatinada son: ¿cuánto vale para ustedes, en dinero, una vida humana?, ¿cuántas vidas estarían dispuestos a sacrificar por un esfuerzo económico de antemano fallido? No hace falta más que reconocer lo que ya es una realidad: aunque la pandemia milagrosamente cediera mañana, reparar el perjuicio que arrastran las economías globales llevará años y, para algunos países, décadas repararlo.

Entonces nos preguntamos: ¿cuándo será el momento adecuado para reabrir la economía? ¿Cuándo podrán los estudiantes volver a la escuela y los demás a sus sitios de trabajo? ¿Cuándo abrirán los negocios y podremos volver a los cines y a los teatros y a nuestros restaurantes favoritos?

La respuesta es cuando contemos con las herramientas necesarias para curar la enfermedad o inmunizar a un porcentaje amplio de la población. Solo hasta entonces. Igual que otras enfermedades infecciosas emergentes, COVID-19 llegó para quedarse.

Recordemos que, mientras nosotros esperamos y nos guardamos en casa, alrededor del mundo muchos grupos de científicos están trabajando sin descanso para encontrar la cura a la enfermedad. Mientras escribo estas líneas, me entero de que en Reino Unido acaban de vacunar a la primera persona en el mundo, Margaret Keenan, una mujer de 90 años de Irlanda del Norte. Esto ocurrió el 8 de diciembre de 2020, tres semanas y dos días antes de que se cumpliera un año desde que el gobierno de Wuhan diera aviso de la enfermedad. Sin duda, esto pasará a la historia como una de las acciones concertadas entre la ciencia y los gobiernos alrededor del mundo más ágiles y exitosas de todos los tiempos. No hay duda: la pandemia terminará, contaremos con terapias y vacunas, y saldremos poco a poco.

La pregunta es: ¿cuándo, y qué hacemos hasta entonces?

Es indispensable entender que en este momento, el control de la pandemia tiene que recibir la prioridad más alta, por encima de cualquier otra consideración para reducir la perdida de vidas y poder empezar a tener una recuperación sostenida de las actividades productivas.

Las políticas públicas sanitarias deben estar enteramente enfocadas y dirigidas —sí, cueste lo que cueste— primero, a contener la expansión de los contagios, lo cual puede lograrse solo mediante la búsqueda activa y el aislamiento de personas infectadas, particularmente las asintomáticas. Esto no se logrará sin una aplicación significativa de pruebas y una estrategia agresiva de rastreo de contactos. Dos acciones que López-Gatell se ha negado a llevar a cabo.

Las medidas preventivas de mitigación, como el uso generalizado de cubrebocas, el distanciamiento social, la ventilación de espacios cerrados y el lavado de manos, facilitan el control de los contagios. Pero las comunicaciones provenientes de las autoridades de México se han caracterizado por ser contradictorias, incongruentes y confusas, de ahí que muchos las desacaten. Es muy difícil convencer a los ciudadanos la importancia del uso de cubrebocas cuando ha sido una medida desestimada por el propio subsecretario de Salud y el presidente. De igual manera, resulta complicado que se entienda la gravedad de la pandemia cuando las autoridades mienten insistiendo que el problema «va mejor», «está de salida» o que estamos en «el principio del fin», como señaló el 23 de diciembre de 2020 Marcelo Ebrard, secretario de Relaciones Exteriores.

Un falso relato

Para el círculo más alto de la autoridad sanitaria nacional es imposible manejar la dicotomía entre la economía y la pandemia. Esto es un falso debate que se origina en una narrativa también falsa, que también proviene del doctor López-Gatell y se dirime en estos términos: «O controlamos la economía o controlamos la pandemia». La pregunta ahora sería: «A ver, doctor, ¿cómo le está yendo con eso? Porque la economía está colapsando y tampoco hemos controlado la pandemia».

Basta mirar a los países del sureste asiático para ver cómo sí era posible velar por la economía, y la forma de hacerlo es controlar primero la pandemia. En México, la economía no se va a controlar sino hasta que se controle la pandemia. De otra forma, la reactivación de la economía es una ilusión.

Y no soy la única que lo dice: expertos no solo en medicina, sino en economía, como los de la publicación en *The Economist*, afirman que los países que tuvieron una menor caída en el PIB fueron aquellos que mejor han controlado la pandemia.

Por otro lado, va una prueba de que sin inversión en salud y, en específico, en la contención de este virus la recuperación de la economía es una falacia: según el Fondo Monetario Internacional, la mayoría de los países de Latinoamérica no podrá volver a los niveles de crecimiento prepandémicos sino hasta 2023, y el ingreso per cápita se recuperará hasta 2025, mucho después que en cualquier otro lugar. Se espera que la afectación de la crisis sanitaria global en las economías emergentes sea más prolongada y sostenida.[107]

Otra mentira del discurso oficial: esto con el tiempo va a pasar; ya tenemos mucho rato, estamos cansados, esto pronto se va a terminar. Lamento decirlo, pero no.

Señoras y señores, esto no tiene fecha.

El tiempo no va a controlar la pandemia. Este tipo de eventos epidémicos de grandes proporciones no cede ni se controla meramente con el tiempo. Se necesita intervención gubernamental y apoyo por parte de la sociedad.

Si el ahorro es la prioridad del presidente de la República, debería tomar en cuenta el abultado costo a largo plazo que tendrá para la salud pública la negativa a hacer un esfuerzo real para controlar la propagación del virus. Ya lo han dicho varios exsecretarios de Salud mexicanos: la salud no es un juego, ni tampoco debe ser vista como un gasto, sino como una inversión y una prioridad.

Ya se ha caído el argumento oficial de que hay que salvar la economía, abrir la actividad comercial y la movilidad, y recortar gastos en tests masivos: en México se rumoraba que se iba a gastar mucho en pruebas, en rastreadores de contactos… A ver, que hagan la cuenta de cuánto le cuesta a China, Japón, Nueva Zelanda, Corea del Sur o Taiwán controlar bien su pandemia. Porque las muertes sí tienen un costo económico, al igual que los cierres masivos de giros económicos y las abultadas facturas en atención hospitalaria. Quiebran las aerolíneas, las escuelas privadas, las tiendas, los cines, los restaurantes.

El costo económico y social que implica tener cientos de miles de muertos y enfermos es infinitamente más alto que tan solo aplicar las medidas de contención adecuadas.

Me pregunto: ¿a México no le alcanza para hacer pruebas suficientes, pero sí le alcanza para frenar el turismo, para tener a toda esta gente desocupada? Cada caso implica un empleo que no se desarrolla, una familia que deja de tener sustento, y con esto viene un efecto dominó que deriva en una crisis.

Julio Frenk, exsecretario de Salud en México, catedrático de la Escuela de Salud Pública de la Universidad de Harvard y actual rector de la Universidad de Miami, ha alertado de lo «irresponsable y desastroso» que resultaría para México reabrir la economía sin antes realizar tests de diagnóstico masivos.

Coincide en ello Carlos Castillo-Salgado, antiguo maestro de López-Gatell, sobre la postura de que los Estados que pretendan regresar a la «normalidad» deben cumplir mínimamente con cuatro condiciones para evitar cualquier rebrote de mayor intensidad que ponga en riesgo a más personas:

1. Identificar a la población infectada y sus contactos asintomáticos por medio de pruebas PCR.
2. Disponer de forma masiva pruebas serológicas para conocer los niveles de anticuerpos y la población con inmunidad.
3. Incrementar el personal de salud para el rastreo de contactos.
4. Mantener la sana distancia y usar mascarillas.

En un estudio publicado en *The Macroeconomics of Epidemics*, en abril de 2020, los autores Martin Eichenbaumz, Sergio Rebelox y Mathias Traband demostraron que, en el plano económico de un país, abandonar el confinamiento inicialmente conlleva una larga recuperación con un alza en el consumo de cerca de 17 %. Desafortunadamente, esta alza resulta en un crecimiento en las tasas de infección, lo que a su vez sumerge la economía en una segunda recesión, más persistente aún.

Abandonar la cuarentena de manera prematura conlleva un aumento temporal en el consumo, sí, pero no beneficios económicos a largo plazo. Trágicamente, el fin del confinamiento trae un aumento sustancial en el número de muertes provocadas por la epidemia.

Recordemos que el abandono del confinamiento no se debe a la responsabilidad de los ciudadanos, sino que, como ha indicado el médico y periodista Javier Flores, obedecería «al llamado del gobierno a retornar a las actividades productivas y la puesta en marcha de un semáforo cuyos colores, aunque no están definidos por criterios médicos y científicos, estimulan a la población a salir de sus casas».[108]

El apuro del gobierno por «reactivar la economía» es tal, que ofrece como sacrificio la vida de una gran porción del pueblo al que representa.

Ahora hay que mirar hacia adelante. Ya habrá tiempo para juzgar a los «expertos» y los políticos que tomaron decisiones tan equivocadas y funestas, que sin duda se basaron en consideraciones económicas y no sanitarias. Todavía se puede hacer mucho para tratar de contener la pandemia en nuestro país y minimizar el sufrimiento y la pérdida de vidas.

Economía de las emociones

Otro gran silencio gubernamental ha ocurrido en torno al costo emocional de esta crisis. Se ha hablado infinidad de veces del costo económico del mantra «Quédate en casa» —que no fue obligatorio, como ocurrió en España, Italia, Francia, Argentina y varios países asiáticos—, pero nunca del precio que tanta muerte, duelo, gente con depresión, huérfana y sin empleo tendrá para nuestro ya castigado país.

Al respecto, me pregunto: ¿cómo se podrá sanar a un pueblo anímicamente devastado por la pérdida y el sufrimiento?

Quizá las personas que toman las decisiones no entiendan cómo muere un paciente de COVID-19 y lo que las familias tienen que soportar. Se los explico: los enfermos permanecen en aislamiento, sin la compañía de sus seres queridos, solo con los médicos y el personal hospitalario que los atienden. Ningún amigo o familiar toma sus manos, ni los apapacha, consuela o acompaña. Permanecen solos, y sus familiares, lejos de ellos también. Así mueren. En soledad. Sin el último adiós ni palabras de consuelo por parte de sus seres queridos.

Una vez fallecidos, no hay velorios ni entierros. Los cadáveres se creman o se acumulan junto con tantos otros en morgues masivas. A las familias no les queda más que procurar la resignación y tratar de asimilar la pérdida.

Al final no estamos hablando solo de la pérdida de la vida física de los enfermos, sino también, del deterioro emocional de sus seres queridos. Si esto sigue así, ¿quedará suficiente gente viva con ganas de reactivar la economía del país?

Valdría la pena reflexionar sobre eso unos minutos, pues, concentrados en el costo económico de la pandemia, los gobernantes en turno ni siquiera imaginan la posibilidad de discutir estos temas. Solo claman por la «reapertura» de la economía, incitando a que la movilización de personas se retome lo más pronto posible para minimizar su impacto económico. La consecuencia han sido repuntes y rebrotes que en muchas partes del mundo comenzaron desde octubre de 2020. Recordemos que cada vez que los contagios se disparan y descontrolan, se debe volver a los cierres masivos que impactan en mayor grado cada vez a la economía. ¿No sería menos costoso mantener las medidas de contención y mitigación para evitar estos nuevos cierres, en lugar de sacrificarlo todo por dos semanas de compras prenavideñas? La lista es cada vez más larga de los países que han podido hacerlo: Nueva Zelanda, Taiwán, Australia, Singapur, Tailandia, Islandia, Vietnam, Corea del Sur, etc. Los ejemplos están ahí para seguirse.

Al inicio de la pandemia se creía que solo los viejitos se morían, los que «ya iban de salida». Y no, todos se pueden morir de COVID-19: adultos, jóvenes, bebés.

El costo emocional de todas estas muertes también es económico: muchos sienten incertidumbre frente el trabajo, la falta de él, su merma o los salarios recortados a causa de la pandemia.

Hay mucha gente despedida que pasa hambre y sufre problemas psicológicos derivados de la pérdida de sus empleos y, principalmente, de la pérdida de seres queridos a causa del virus. Está la culpa por no ver a tu padre o madre, que murieron solos, confinados o ahogados en un respirador mecánico en una cama de hospital, en el que las enfermeras no tienen tiempo siquiera de tomarles la mano o sonreírles —da igual si lo hacen, puesto que con el cubrebocas y el resto del equipo de protección es imposible ver sus facciones—. A esto sumémosle la imposibilidad de hacer duelo, la urgencia por salir a buscar trabajo, la desesperación y la incertidumbre.

Entonces, ¿hasta cuándo seguiremos hablando de este falso debate entre economía y vidas? No hay nada que debatir. En todos los sentidos, económico, sanitario y social, es menos costoso salvar vidas. Pero, lo repito, para salvar vidas durante la pandemia es necesario controlar los contagios.

La nueva mortalidad

Debo el título de este inciso y del capítulo a una pifia del actual secretario de Salud, Jorge Alcocer Varela, del 12 de mayo, el día en que precisamente se registró la cifra más elevada de fallecidos en 24 horas hasta entonces registrada (353). Al jefe invisible de López-Gatell le tocaba presentar la Estrategia para la Nueva Normalidad, con la que el actual gobierno daba a conocer una serie de pasos para retomar progresivamente las actividades sociales y económicas, después de 50 días de confinamiento voluntario, y subrayo de nuevo lo de «no obligatorio», lo que ha ido en sentido contrario, como ya vimos, de las estrategias de los países que al día de hoy registran muchos menos decesos que los mexicanos y que han logrado contener la pandemia.

En esa «estrategia», quien fuera el reumatólogo de la primera esposa de Andrés Manuel López Obrador dijo: «Pues vayamos hacia esa nueva mortalidad, perdón, normalidad» y, a pesar de que se rectificó enseguida, ese desliz, que desde luego no se incluyó en la versión estenográfica que después se subió a la web, provocó un largo reguero de tinta electrónica en redes sociales.[109]

La equivocación de quien fungió como médico de la fallecida Rocío Beltrán Medina habría resultado cómica si no estuviéramos padeciendo tantas muertes.

Estamos a finales de diciembre y mientras escribo este capítulo solo puedo decir que estamos parados en un escenario muy lamentable. Viendo hacia adelante, no pinta mejor. Hacia la segunda semana de diciembre iban 124 897 defunciones, según cifras oficiales. Esto nos mantiene desde hace meses en la cuarta posición mundial en cuanto al número de fallecimientos por COVID-19, y debemos recordar que dicha cifra está muy subestimada.

De hecho, en el último reporte «Exceso de mortalidad» que dio a conocer la Secretaría de Salud se hablaba de más de 139 000 muertes en exceso atribuibles a COVID-19, además de otras 54 000 muertes que, dicen, no son atribuibles a COVID-19, pero que quizá se deban a padecimientos que no se pudo atender de forma adecuada, precisamente por la pandemia. Es decir, la cifra de muertos es inexacta: en realidad ronda los 200 000.

Esto es muy lamentable, pero se queda muy corta esa palabra. En las conferencias de prensa de la Secretaría de Salud dicen «muerte» seguida de la palabra «lamentable», como si eso arreglara algo. Más que lamentarnos, necesitamos tomar acciones para frenar esta cantidad de muertos que tenemos en el país. Y sí hay acciones concretas que deben tomarse.

Por delante tenemos meses complicados, que podrían estar teñidos por una tragedia sin precedentes en el país, que son los de invierno. En esta época del año nos golpearán muy duro la influenza y los virus invernales estacionales.

En segundo lugar, en Europa están en el apogeo de una segunda oleada. La primera oleada la controlaron muy bien, a diferencia de nosotros, pero esta segunda ola es más acentuada que la primera. Recordemos los escenarios catastróficos que veíamos en Italia, Francia y España, entre febrero y abril de 2020: pues lo que les está pasando ahora es peor. Tienen un mayor número de casos diarios registrados, mientras las muertes se comportan de distinta manera en cada país.

Y solo es cuestión de tiempo para que sus hospitales vuelvan a saturarse y empiecen a aumentar sus índices de letalidad. Y eso es lo que viene para acá.

Cuando esto ocurrió en Europa la primera vez, enseguida llegó a México y nos afectó. Sin embargo, a nosotros nos toca en peores condiciones, porque en Europa por lo menos habían logrado controlar la primera oleada.

En cambio, en México nos hemos eternizado en una curva que nunca ha descendido, una epidemia que jamás se ha logrado controlar. El invierno para nosotros augura más sombrío que para los países europeos. Entramos en un repunte franco desde septiembre de 2020, algo de lo que Arturo Erdely, otros científicos y miembros de la comunidad médica y yo hemos estado alertando desde marzo sin parar. Hemos alzado la voz para advertir sobre lo que vendría en el invierno. Pero todos nuestros señalamientos, críticas y súplicas han caído en oídos sordos de las autoridades.

Nadie caerá bien parado después de esto, mucho menos los políticos. Quienes todavía piensen que las cosas volverán a la normalidad después de esta «pausa» no han terminado de comprender la magnitud de la catástrofe que representa esta pandemia.

Nos rebasa a todos.

Muchos, muchísimos políticos caerán; habrá estructuras gubernamentales y sociales que jamás volverán a ser las mismas, y el sufrimiento humano será extenso y rampante, no solo por la pérdida de vidas humanas a causa de la enfermedad y su consecuente impacto psicosocial, sino también por el profundo efecto negativo que tendrá sobre la economía global, que, sin duda, durará mucho más que la pandemia misma.

Algunos expertos ya señalan que este evento será un hito en nuestra sociedad. Se ha sugerido incluso aludir a las personas nacidas durante esta pandemia como la generación C (de *Coronavirus*), cuyas vidas se verán moldeadas por los acontecimientos que estamos viviendo y por las decisiones que como sociedad tomemos en estos momentos.

Para los que se preguntan si esta pandemia será un evento de extinción masiva del ser humano, la respuesta clara es *no*.

Vendrán tratamientos y vacunas, mejores formas de diagnosticar la enfermedad y de detectar a las poblaciones inmunes y susceptibles, y se establecerán estrategias preventivas eficaces para controlar el contagio. Pero este virus estará entre nosotros durante los siguientes años.

Sin embargo, al igual que la peste bubónica, la viruela, la sífilis, la lepra y tantas otras enfermedades infecciosas que en su momento fueron devastadoras para la humanidad y que hemos podido controlar. También esto se controlará. Sin duda.

Mientras llegamos a ese punto, no se puede subestimar la trascendencia que tendrán las decisiones que se tomen ahora, durante la pandemia, en las vidas de los que seguirán aquí un rato más y, quizá más importante, en las de la posiblemente llamada generación C y las que le sigan.

Ojalá muchos funcionarios caigan y haya algún tipo de castigo para quienes no cumplieron con su tarea. Pero ahora todos los esfuerzos deben estar concentrados en salvar vidas.

LOS ERRORES DE LA OMS

Para ser justos con López-Gatell, no podemos hacer la vista gorda con la Organización Mundial de la Salud (OMS), la cual, desde que decidió ignorar su propia alerta difundida en 2019, poco antes del primer brote en Wuhan, mediante el informe titulado «Un mundo en peligro», no dejó de cometer errores, algunos de ellos negligentes, incluso criminales.

Veamos.

En septiembre de 2019, la OMS difundía «Un mundo en peligro. Informe anual sobre preparación mundial para las emergencias sanitarias», elaborado por la Junta de Vigilancia Mundial de la Preparación. Esta comisión independiente, cofundada en 2018 por el Grupo del Banco Mundial y la OMS, retoma el trabajo del Equipo de Tareas sobre las Crisis Sanitarias Mundiales y del Grupo de Alto Nivel sobre la Respuesta Mundial a las Crisis Sanitarias, establecidos por el secretario general de las Naciones Unidas a raíz de la epidemia de Ébola que sacudió a parte del continente africano entre 2013 y 2016.

En caso de que no lo recuerden, vuelvo a citar la primera parte del documento: «Nos enfrentamos a la amenaza muy real de una pandemia fulminante, sumamente mortífera, provocada por un patógeno respiratorio que podría matar de 50 a 80 millones de personas y liquidar casi 5 % de la economía mundial».

Da miedo el grado de coincidencia que esta alerta tenía con la actual pandemia. Quienes firmaron el prólogo del documento fueron Gro Harlem Brundtland, ex primera ministra de Noruega y exdirectora general de la OMS, y Elhadj As Sy, secretario general de la Cruz Roja Internacional, ambos en calidad de copresidentes de la Junta de Vigilancia Mundial de la Preparación ante Crisis Sanitarias. Entre otros miembros de la junta se destaca el epidemiólogo Anthony Fauci, a esta altura viejo conocido nuestro, por sus discusiones con Trump sobre el manejo de la pandemia en Estados Unidos.

«El mundo no está preparado», terminaba el prólogo del informe, en el que se vaticinaba una pandemia global que provocaría caos, inestabilidad e inseguridad generalizada.

Se predecía, como es lógico, que los sectores vulnerables serían los más golpeados por la pandemia y que esta enfermedad, o grupo de enfermedades, se vería extendida por variables como el crecimiento demográfico, la intervención del hombre en el medio ambiente, el cambio climático, la urbanización exagerada y «los incrementos exponenciales de los viajes internacionales y la migración». También decía, en relación con pandemias del pasado, como la gripe A H1N1 y el brote de Ébola, que «durante demasiado tiempo hemos permitido que se suceda un ciclo de pánico y abandono en las pandemias: prodigamos esfuerzos cuando surge una amenaza grave y nos olvidamos rápidamente cuando la amenaza remite. Ha llegado el momento de actuar».

¿Les suena todo esto?

Bueno, antes de empezar a enumerar los fallos subsiguientes de la OMS debo ahondar en qué es esa organización. Se trata de un organismo sobre el que recae mucha responsabilidad, pero que tiene realmente muy poco poder.

A diferencia de otros organismos internacionales, como la Organización Mundial del Comercio, la OMS, que es un cuerpo especializado dependiente de las Naciones Unidas, no puede sancionar o retener a sus miembros. Su presupuesto anual en 2019 fue de 2 000 millones de dólares; puede parecer muchísimo, pero en la práctica es menor que el de muchos hospitales universitarios británicos, sostenía en abril de 2020 el periódico de ese país, *The Guardian*. En resumen, es una entidad que no solo se ha visto desprovista de poder y recursos económicos, sino que su capacidad de dirigir una respuesta internacional a una pandemia «no existe», ha dicho al citado periódico Richard Horton, editor de la prestigiosa revista médica *The Lancet*.

Ahora volvamos a enero de 2020. Ya Wuhan había sido golpeada por el nuevo virus. El 12 de enero, China le compartió al mundo la secuencia genética del SARS-CoV-2, aunque, según el citado documento, «La gestión de la pandemia en México», «fue necesaria la intervención de la OMS para que ocurriera». Bien por la OMS, pero se tardó hasta marzo para dar el pitazo, mientras que en Europa los hospitales ya estaban desbordados desde finales de febrero. De acuerdo, no tiene poder ni recursos, pero su vocecita débil apenas se escuchó. ¿No podían haber hecho un esfuerzo mayor? ¿No podrían haber declarado la pandemia al menos un mes antes de lo que lo hicieron?

¿Cómo se puede explicar que la OMS, cuya Junta de Vigilancia Mundial de la Preparación prácticamente vaticinó el advenimiento de COVID-19 e hizo las gestiones necesarias para que el cerrado gobierno chino compartiera la información genómica del virus, se haya tardado tanto en declarar la pandemia?

No creo que tengamos la respuesta, pero sigamos con esta cadena de desafortunados errores que fue cometiendo, uno detrás del otro, esta organización.

En ese sentido, no se perdona pero se entiende un poco esta descoordinación y aparente falta de comunicación entre quienes prepararon el citado informe y la burocracia de la OMS. Lo que resulta imperdonable es que la OMS, cuyo nutrido personal cuenta con infinidad de médicos y científicos, recomendara, en su guía emitida el 6 de abril, la utilización de cubrebocas al personal médico que atendía a pacientes sospechosos de estar infectados con COVID-19, o que «tenían tos».

Tras bambalinas, la OMS observaba las compras de pánico en muchos países europeos y también en Estados Unidos, y por miedo a dejar desamparados a médicos y enfermeros —los primeros en sufrir la escasez de cubrebocas y otros elementos de protección personal—, emitió esa directriz errónea.

Desde el principio debió dictaminar que «todos deben usar cubrebocas». Eso lo sabemos desde la pandemia de 1918.

Y si había escasez, como de hecho la hubo —¿recuerdan esos memes con gente acaparando papel de baño y en los que se recordaba que el COVID-19 daba una infección respiratoria y no diarrea?—, la OMS, en lugar de desinformar, tenía que publicar y difundir guías que explicaran cómo confeccionar cubrebocas caseros, con tres capas para retener la mayor cantidad de partículas posible. ¿Acaso no recuerdan esas imágenes de algunos hospitales europeos con máquinas de coser en las que se elaboraban estos instrumentos?

Afortunadamente, el organismo internacional rectificó unas semanas después, en mayo, aunque de una forma con la que intentaba cubrirse las espaldas.

La redacción de la nueva directiva estaba plagada de «tendría», «sería», «cierto beneficio», «si algunas poblaciones». Era una guía cobarde, que intentaba rectificar el daño ya hecho, pues para entonces ya teníamos una pandemia global a todo lo que daba.

Si la OMS no hubiera malinformado en su momento, mucha gente podría haberse salvado de la infección al portar un cubrebocas. Y aquí tampoco hay diferencias entre la OMS y el equipo de López-Gatell: una vez que afirman algo que evidentemente es erróneo, desdecirse les resulta imposible. Aunque esté en juego la vida de millones de personas.

Ni mencionemos el vodevil que el organismo protagonizó en junio, cuando una serie de declaraciones públicas contradictorias por parte de algunos funcionarios de la OMS no lograron aclarar lo que para entonces ya era un hecho comprobado: las personas asintomáticas sí contagiaban. Y vaya que lo hacen.

Solo ella

Muchos hablan de los errores de López-Gatell, pero pocos lo hacen de los errores, y también aciertos, de Claudia Sheinbaum, la jefa de gobierno de Ciudad de México.

En relación con el manejo de la pandemia, la física e ingeniera, que también es investigadora de la UNAM, ha tratado de hacer las cosas mejor que el subsecretario de Prevención y Promoción de la Salud. Ha implementado medidas sencillas, mínimas, las cuales, para las dimensiones de esta tragedia, deben ser reconocidas pero no aplaudidas. Hablo, por ejemplo, del cubrebocas. Sheinbaum se lo puso desde el inicio de la pandemia. De hecho, es una de las pocas dirigentes en México que lo ha usado consistentemente en público.

Solo se lo quitó una vez ante las cámaras, cuando estaba frente al presidente de la nación. Mal hecho. Pero, ante la indolencia y el cinismo de López-Gatell, estamos frente a una funcionaria que se ha tomado mucho más en serio su vocación de servir a la sociedad.

En lo que no ha tenido éxito Sheinbaum es en implementar las medidas necesarias para lograr la contención de los contagios. Ha procurado aumentar la capacidad de pruebas diarias, pero con resultados insuficientes. Es necesario notar, sin embargo, la diferencia fundamental entre las acciones de Sheinbaum y de López-Gatell: ella sí ha tratado de hacer algo, ha hecho algo, mientras que él se ha preocupado solo por reportar cifras sin haber jamás asentado, propuesto o proporcionado estrategia alguna para el control de la crisis. Ella ha actuado, mientras que él sólo ha hablado.

Se dijo en mayo de 2020 que se aumentaría el número de pruebas de 1 000 a 2 700 diarias. Para junio, en Ciudad de México se realizaban en promedio unas 2 500 pruebas al día. En lo siguientes meses, el promedio aumentó hasta un promedio que rondaba las 3 500 en septiembre. Hubo nuevos aumentos y entre octubre y noviembre se llegó a las 4 500 y 5 500 pruebas al día. A finales de noviembre se introdujo la realización de pruebas rápidas de antígeno gratuitas, disponibles en quioscos distribuidos en diferentes puntos de ciudad. Con esto, el número oficial de pruebas diarias realizadas (PCR y antígeno) se disparó dramáticamente a más de 10 000. A la fecha, se realizan en promedio entre 12 000 y 13 500 pruebas diarias.

Lo que es evidente es que en Ciudad de México ha existido un esfuerzo sostenido por ampliar el número de pruebas diagnósticas que se realizan a la población. Eso debe ser reconocido. El problema es que se inició con un número de pruebas demasiado bajo. Se aumentaron las pruebas, pero siempre fue insuficiente para medir con claridad el tamaño de la epidemia. En pocas palabras, se ha ido corriendo siempre detrás del virus. Nunca se ha estado delante de él. Y como dije antes, en eventos de este tipo, si el patógeno se nos adelanta, perdemos todas las veces y el perder se paga con vidas humanas.

Y ¿cuándo se sabe que se están haciendo suficientes pruebas? Alrededor de una prueba por cada 1 000 habitantes a la semana o más. Si además, al hacer ese número de pruebas se registra un índice de positividad menor a 5%, se puede concluir que el problema está relativamente bien controlado. Si esto se sostiene durante un tiempo, la positividad tenderá a disminuir a medida que la dispersión de contagios se vaya conteniendo.

En Ciudad de México, con una población de alrededor de 9 millones de habitantes y una positividad que se ha mantenido sostenidamente por arriba del 40%, se han realizado en promedio entre 2 000 y 13 500 pruebas diarias sin seguir una estrategia efectiva de rastreo de contactos. En 10 meses no se ha podido controlar el problema.

¿El problema es el número de pruebas? Sí, pero no es el único problema. La crisis se vuelve cada día más complicada y cada vez es más difícil controlarla. Pero la base, el fundamento de lo que conduce al control, sigue siendo la misma. Testeo, rastreo de contactos y aislamiento de casos positivos.

Hubo un intento por parte de la ciudad de hacer un rastreo de contactos de personas infectadas mediante mensajes SMS. No dio resultado, porque la gente no respondía los mensajes. Ahora, la jefa de gobierno capitalina ha implementado los códigos QR en locales comerciales formales, que tampoco están teniendo el éxito esperado.

Sí me pareció una muy buena idea la instalación, en algunos puntos de Ciudad de México, de quioscos para pruebas rápidas de antígeno. Son económicas, fáciles y rápidas de implementar. Pero hay un detalle técnico que está arruinando ese esfuerzo. No se está tomando en cuenta la recomendación de la FDA y del laboratorio que fabrica la prueba: considerar que en pacientes asintomáticos el índice de falsos negativos es elevado. La solución sería corroborar el resultado con otra prueba entre 3 y 5 días después o con una prueba de PCR.

La gente que acude a estos quioscos para hacerse la prueba rápida y encuentra que el resultado es negativo no se hace un segundo testeo. En realidad, se hacen unos pocos PCR confirmatorios solo 6 136 para los 70 099 casos positivos asintomáticos, según datos del 7 de diciembre de 2020.

Al no hacerse doble prueba, no sabemos si sus resultados son falsos negativos. Y esto es un problema potencialmente grave.

Si lo son y su testeo ha dado un falso negativo, acabas de hacer que un enfermo que no presenta síntomas vaya con más confianza que nunca a infectar a todos sus conocidos.

«Me dio negativo», va a gritar a los cuatro vientos, mientras contagia a su familia, colegas de trabajo y amigos.

La politización de las vacunas

«Misión cumplida», dijo Marcelo Ebrard, secretario de Relaciones Exteriores, el 8 de diciembre de 2020, al comunicarle al presidente Andrés Manuel López Obrador que se cumplió con la orden que el mandatario dio: que México fuera uno de los primeros países en contar con la vacuna para el SARS-CoV-2. A ver, a ver, momento. ¿Misión cumplida?

¿Le llaman «misión cumplida» al posible arribo de 250 000 dosis de vacunas que solo beneficiarían a 125 000 personas —la vacuna que llega es la de Pfizer, que se aplica en dos dosis— en un territorio que cuenta con alrededor de 129 millones de habitantes?

Una vez más, las autoridades de nuestro país sobresimplifican el tema de la vacunación, así como han banalizado un asunto tan complejo como la actual pandemia.

Esta parecía una oportunidad única para que el gobierno se reivindicara un poco, pero de nuevo ha prevalecido el discurso demagógico hueco y la incompetencia.

Primero, las vacunas aún no habían llegado a México. En el anuncio del 8 de diciembre, Ebrard deslizó que llegarían entre diciembre y enero de 2021. Por otra parte, se anunció que se destinarían 2 100 millones de pesos a la compra de vacunas. *Pero* en el presupuesto federal, que se aprobó en noviembre de

2020, no se asignó ninguna partida presupuestaria a este rubro. ¿Con qué dinero se hará frente a este gasto? En cualquier caso, exclamar «misión cumplida» con tan solo 2 500 dosis lo sentí como un insulto. ¿Será tan obtuso Ebrard como para creer que alguien además de López Obrador aplaudiría su gesto de autocongratulación? Tal vez solo le hablaba al presidente. Eso podría ser…

Las vacunas representan un avance extraordinario en la lucha contra la pandemia. Pero debemos tener claro que *no* son un milagro ni un remedio mágico. ¡Es muy importante que esto se entienda! Porque los políticos nos mienten manipulando hacia un lado los temas cuando creen que les favorece y hacia otro cuando les afecta.

En México, como en muchos otros países, el tema de las vacunas se ha politizado al grado de que ahora son los políticos quienes nos anuncian si una vacuna va bien o va mal en los ensayos clínicos. ¿Cuándo en nuestro país se había escuchado que los presidentes hicieran este tipo de anuncios? Y ¿cómo diablos sucede que un secretario de Relaciones Exteriores, un canciller, haga este tipo de anuncios? ¿Por qué no lo hizo López-Gatell, al que además le gustan tanto los reflectores?

Las compañías farmacéuticas necesitan pasar sus vacunas por el escrutinio de la comunidad científica y publicarlo en las revistas científicas adecuadas, para entonces recibir aprobación. En este momento las vacunas que se están distribuyendo en el mundo cuentan solo con aprobaciones para uso de emergencia; mientras continúe así, seguirán las restricciones para su distribución y compra-venta. Aquí lo que sucede es que los políticos utilizan el tema de las vacunas para decir que, de alguna manera, ellos van a proveer a su pueblo con una solución mágica a la pandemia.

Eso es una farsa: tener una vacuna es muy distinto a tener una población vacunada. Esto último requiere una sofisticada logística de meses, incluso años.

Ahora, con una vacuna, sí se puede hablar de inmunidad de rebaño; es decir, una población inmunizada por medio de la vacunación. Y se los recuerdo: se necesita que 70% de una población esté vacunada para que esta tenga protección comunitaria contra COVID-19. ¿Cuándo ocurrirá que 70% de los mexicanos puedan estar vacunados? La solución no va a venir rápido. Es muy probable que la meta de cobertura ocurra hasta entrado el año 2022.

Hasta entonces, seguiremos viviendo en estado de alerta por la pandemia y debemos continuar cuidándonos y protegiendo a las personas que nos rodean del contagio. Eso es lo único que realmente tenemos a nuestro alcance en este momento para evitar la propagación del virus y la muerte de las personas.

Ahora, volviendo al anuncio de Ebrard, analicemos la información: el 8 de diciembre, Ebrard anunció que la vacuna es un derecho «universal» para todos los mexicanos y que se estaba «en vísperas» de que esto fuera «una realidad». Pero ¿cómo hará Ebrard para que esas 250 000 dosis alcancen para los 128 millones de habitantes? Solo él lo sabe.

«Misión cumplida». No parece que se tenga claro todavía siquiera cuál es la misión.

Se ha elaborado un esquema con lugares de aplicación de vacunas en Ciudad de México, para 107 500 personas, y en el estado de Coahuila. ¿Coahuila? Y ¿por qué no Oaxaca? ¿O Chiapas? ¿Tlaxcala? Nadie en el gobierno ha explicado por qué Coahuila.

Es lógico que Ciudad de México fuera uno de los blancos de vacunación para el personal de salud, al ser el sitio que concentra la mayor cantidad de casos de infecciones y defunciones en todo el país. También me parece lógico, justo e indispensable que en nuestro país se haya decidido vacunar primero al personal de salud, que de hecho son los que están más expuestos al virus, mientras que en Reino Unido se priorizó a los adultos mayores.

Debe ser prioritario cuidar a los que están cuidando la salud de los demás, quienes tanto han perdido y sacrificado durante la pandemia. Ahora esperemos que realmente se siga ese esquema de prioridades, sería lamentable enterarnos que algún funcionario de alto nivel con funciones de escritorio recibiera la vacuna antes que algún médico, enfermera, camillero o auxiliar que trabaje en un hospital COVID.

Quedan interrogantes en el plan presentado: es demasiado escueto y general. Carece de especificidad en prácticamente todos los rubros: tiempos, costos, logísticas, tipos de vacunas, cuántas, cuándo. Tampoco sabemos cuánto dura la inmunidad otorgada por las vacunas. Solo el tiempo nos dará la respuesta.

Otra cuestión es que las vacunas no han sido probadas en menores de 16 años y en algunas poblaciones vulnerables, quedarán excluidos de recibir la vacuna. Mientras que muy lentamente la vacuna vaya, con el paso del tiempo, armando esta red de protección que abarca a 70% de la gente, para crear, ahora sí, la inmunidad de rebaño, ¿estos menores serán los nuevos propagadores del virus?

Hay otra cuestión que ha mencionado el doctor Anthony Fauci: aún no se sabe si quienes sean vacunados seguirán transmitiendo el virus. Porque una cosa es que la persona vacunada ya no padezca efectivamente la enfermedad, pero todavía falta mucho tiempo y pruebas para saber si puede o no seguir propagándola.

Por el momento, la vacuna en México continúa siendo un sueño a largo plazo. Esperemos que en el corto y mediano plazo comencemos a atestiguar avances que nos permitan ver una luz al final de este largo camino.

Si el virus SARS-CoV-2 nos ha enseñado algo, es que no debe subestimarse. Por lo pronto, lo único que podemos hacer es ser pacientes y actuar con prudencia. Por nosotros, por nuestras familias, por los médicos y los trabajadores de la salud, por los que no pueden quedarse en casa, por la población en general, debemos permanecer lo más aislados y separados como nos sea posible, y realizar a conciencia todas las acciones probadas que podamos, para evitar contagiarnos y contagiar a otros.

Vendrán tiempos mejores.

Volveremos a abrazarnos, a reunirnos y a sonreír juntos.

El sentimiento de angustia e incertidumbre irá pasando. Recogeremos los pedazos y volveremos a construir lo que se haya roto. Paciencia. Encontrémonos aquí del otro lado.

EPÍLOGO

Ha comenzado un nuevo año. Estamos a 11 de enero de 2021.

Un mes atrás, desde el Palacio Nacional, el subsecretario de Prevención y Promoción de la Salud, Hugo López-Gatell, el 11 de diciembre, respondía con impaciencia las preguntas que le formulaban los reporteros allí presentes. Más de siete meses después de haber sido dirigidos por los colores de un semáforo diseñado por su equipo de trabajo, el funcionario contestó que el color del semáforo «es hasta cierto punto intrascendente».

«Alerta por COVID-19, emergencia por COVID-19. ¿Hay alguna duda?», dijo mientras abría los brazos con evidente hastío.

El servidor público encargado de contener la pandemia en México repite el recurso que ya tantas veces hemos visto en sus informes televisados. Cuando las cuentas no le cuadraron con el modelo Centinela, desestimó su utilidad y calificó de «intrascendente» seguir reportando las cifras. Cuando algunos periodistas le pidieron explicaciones sobre los «picos» que nunca llegaron, sus cálculos repetidamente equivocados y las numerosas inconsistencias en las estadísticas de infectados y fallecidos, López-Gatell perdió la paciencia y terminó diciendo que la pandemia es un «fenómeno inconmensurable».

¿Cómo, doctor? Los epidemiólogos pueden perfectamente medir estos eventos, a eso se dedican. Ahora resulta que a usted le parece intrascendente el semáforo que durante meses presumió.

El 10 de diciembre, unos 10 meses después de haber asegurado que el COVID-19 no revestía gravedad y que no era más grave que la influenza, López-Gatell cambió el tono de su relato habitual: «La epidemia es perfectamente real... causa asfixia y es una muerte muy desafortunadamente tormentosa».[110] El cambio en el discurso no pasó inadvertido por los medios de comunicación y miles de mexicanos que seguían a pie juntillas sus explicaciones.

Es imposible saber por qué se ha aferrado tanto tiempo a un discurso falso; lo imperdonable es que, aun admitiendo la gravedad de la enfermedad y el estado de emergencia al que sus decisiones llevaron al país, a la fecha lo que jamás ha hecho es rectificar la estrategia para controlar y detener el problema. Lo demás son solo palabras.

Como buen político, abusa de ellas para mentir y manipular la opinión pública, pero a él se le confirió el poder para cambiar esta situación, detener la propagación de la enfermedad y decidir sobre la salud y vida de más de 129 millones de personas.

Ha tomado la decisión de no hacerlo y con ello provocó un daño irreparable a nuestra nación. El 6 de octubre de 2020 en conferencia de prensa con el presidente de la República, señaló: «las personas que fallecieron, fallecieron».[111] Lo que estamos viviendo en México con la pandemia no ha sido producto de un error, sino de una decisión consciente que ha cobrado ya la vida de más mexicanos que la suma de todos los desastres naturales que han afectado al país en el último siglo.

Hasta el 25 de noviembre de 2020, la cifra diaria más alta de casos nuevos fue de 9 866, el 2 de agosto. Pero ese día de noviembre se reportaron 10 794 casos.

Repasemos, se nos dijo que se combatirían varios puntos:

Objetivo 1. «Tener pocos casos en general». Al 7 de enero de 2021, en México, con 1 466 490 casos acumulados oficiales, ocupa la posición número 13 más alta del mundo a pesar de que en términos de pruebas por millón de habitantes se ubica casi hasta el final de la lista, en la posición 158. Este objetivo no se cumplió; tenemos muchos «casos en general».

Objetivo 2. Tener «pocos casos al mismo tiempo». Entre las última semana de 2020 y la primera de 2021, se han reportando en promedio 9 236 casos nuevos al día. El 6 de enero el reporte fue de 11 271 casos nuevos. La carga diaria de enfermos es tal que, de acuerdo con los datos abiertos de Sistema de Información de la Red IRAG, el 38 % (362) de las unidades médicas del país entero y el conjunto de todas las unidades médicas en nueve estados de la República presentan una ocupación hospitalaria superior a 55 %. Ciudad de México reporta hoy una ocupación hospitalaria general de 87.9 %. Por lo menos, 163 unidades médicas de 27 estados y 40 municipios completos reportan una ocupación hospitalaria de 100 %. Este objetivo tampoco se cumplió; tenemos muchos «casos al mismo tiempo».

Objetivo 3. «Prolongar el momento en donde no tengamos demasiados casos». Este objetivo se refiere al multicitado «aplanamiento de la curva»: periodo de tiempo relativamente prologado durante el cual el número de casos nuevos y defunciones diarias se mantienen en niveles muy bajos sin fluctuaciones al alza de importancia. El aplanamiento perfecto de la curva se daría si el reporte de casos nuevos y defunciones diarias llegara a cero y se mantuviera ahí durante un periodo de tiempo determinado. Desde luego que, salvo el gobierno de Nueva Zelanda, ninguna autoridad en el mundo lo ha logrado. Varios países como Tailandia, China, Vietnam, Australia, Taiwán, Nueva Zelanda y otros, han demostrado que se puede, si bien no llegar a cero, mantener los niveles muy bajos. En México la curva jamás se ha aplanado. Desde la primera parte del mes de abril de 2020 y hasta agosto, presentamos un crecimiento sostenido en el número de nuevos contagios. Entre septiembre y noviembre, hubo una ligera disminución y los casos diarios, aparentemente, se estabilizaron en alrededor de 5 000 al día. Eso *no* es aplanamiento de la curva. El registro diario de casos permaneció en un nivel demasiado elevado. Lo que sucedió fue que se limitaba el número de pruebas y así los contagios diarios reportados nunca rebasaron demasiado la marca de 5 000. De cualquier manera, durante ese periodo el virus continuó expandiéndose, mientras que las autoridades nos repetían que la pandemia mostraba estabilización. En noviembre subieron a más del doble los contagios diarios que se reportan porque se aumentó el número de pruebas. Pero, nuevamente, la cantidad prestablecida de pruebas sigue dictando las cifras de contagios diarios que se reportan. Ahora estamos nuevamente en lo que parece una meseta, pero igual que la de 5 000 de septiembre a noviembre no era real, la que se observa en diciembre de 12 000 tampoco lo es. No hay estabilización. Es un artefacto consecuencia del limitado y predeterminado número de pruebas que se realizan. Para ser clara: es una manipulación, una mentira. En cualquier caso, este objetivo tres no se cumplió: durante toda la pandemia, desde que comenzamos a presentar un crecimiento sostenido de casos diarios, siempre hemos seguido teniendo «demasiados casos».

Tal y como lo ha señalado López-Gatell, la estrategia de «mitigación» que decidió implementar, la que tanto ha defendido y se ha negado a rectificar, nos ha sumido en una pandemia larga, larga, larga sin control en la que se ha presentado un aumento sostenido en casos y defunciones.

En nuestro país la pandemia nunca ha sido controlada.

Se le ha mentido y engañado a la población haciéndola creer que la resolución vendrá sola con el tiempo. Como cuando López-Gatell nos insistía que ya venía el «pico», «en dos semanas» y nunca llegó. Después de 10 meses, seguimos sin ver el «pico». Esta misma falacia la ha perpetuado el resto del equipo del subsecretario.

Controlar el número de casos que se reporta, limitando la cantidad de pruebas y la estrategia de testeo de la población, es una forma «discreta» —casi como no queriendo— pero muy efectiva de manipular los datos. Otras han sido más descaradas, como lo que ocurrió en el #SemáforoGate de principios de diciembre de 2020, cuando López-Gatell manipuló las cifras para que la gente siguiera en las calles para las ventas prenavideñas. Quizá no sabremos nunca cuántas vidas cobró esa canallada.

La opinión pública ha sido manipulada con los mismos recursos de antaño que conocemos de sobra. Uno de los principales: la repetición en medios masivos de comunicación de falsas narrativas, verdades a medias y mentiras flagrantes endulzadas con un toque de demagogia y sustentadas en nada más que en la apariencia de que provienen de una autoridad. Esto resulta casi intuitivo dentro de los círculos de la política, no sorprende. Pero lo lamentable es que ha sido un político disfrazado de hombre de ciencia a quien se le confirió el poder para decidir sobre la salud y la vida de los mexicanos durante una crisis de tan largo alcance. Si alguna lección queda de la tragedia es que las decisiones de esta magnitud, sobre todo si involucran la salud de la población, no pueden quedar en manos de una sola persona y menos en las de un político.

Los meses que se avecinan son complicados. Ojalá que pudiéramos iniciar el año con mejores noticias pero, desafortunadamente, en este momento, no las hay. Debemos reconocer la realidad de lo que está sucediendo.

Como dije, falta mucho para que los mexicanos en general podamos contar con las vacunas como herramienta para frenar el virus. En lo que a la pandemia se refiere, somos todos pasajeros del mismo barco, debemos hacer nuestra parte para asegurar que no se hunda. Estamos situados en un punto crítico de la pandemia en nuestro país. Debemos juntos contribuir a aminorar la catástrofe. La manera más efectiva de hacerlo es protegiéndonos del contagio y evitando contagiar a los demás. Si algo hemos demostrado a través del tiempo los mexicanos es que a pesar de nuestras diferencias, ante la tragedia sabemos unirnos y solidarizarnos los unos con los otros. Ahora, quizá más que nunca, debemos unirnos para cambiar la trayectoria que sigue la pandemia en nuestro país.

Un uso correcto y constante del cubrebocas, la ventilación de los espacios cerrados, la distancia social, el lavado de manos, la vigilancia constante y el autoconfinamiento son, por ahora, las únicas estrategias que tenemos a nuestro alcance para disminuir la transmisión del virus. Ninguna medida que sea conducente a prevenir el contagio es exagerada en este momento. Debemos comprender su importancia e incorporarlas a nuestras rutinas diarias. Entre más de ellas adoptemos, menor es el riesgo de contraer y transmitir la enfermedad.

SIN LUGAR PARA HEROÍNAS

Antes de terminar, me gustaría compartirles mi experiencia como paciente de COVID-19. Sí, a algunos les sorprenderá la noticia: a finales de octubre de 2020, cuando trabajaba en este libro me contagié.

Padezco obesidad y esclerosis múltiple, y a todas luces pertenezco a los grupos de alto riesgo. Tengo la certeza absoluta de que la razón por la que mi caso no se complicó demasiado, sobreviví con muy pocas secuelas y no transmití la enfermedad a nadie más, es gracias a que llevaba una vigilancia diaria de mis signos básicos como oximetría, pulso y temperatura, detecté muy temprano la enfermedad, me aislé por completo y recibí un tratamiento en casa muy oportuno.

Lo que voy a narrar ahora es verídico, por momentos patético y miserable, y en otros, creo, muy esperanzador para los cientos de miles de infectados que en estos momentos se encuentran luchando contra esta enfermedad.

El 27 de octubre de 2020 asistí al estudio de Adela Micha, para participar en su programa. Hasta ese día, a raíz de mi artículo «El fiasco del siglo» —escrito gracias a una estrecha colaboración de mi amigo Jorge Vidales, con quien siempre estaré agradecida—, ya había participado en casi 300 entrevistas, mesas de discusión y debates, en todas desde la primera, fui acompañada a la distancia y de manera invaluable por otro gran amigo: Martín Tarcisio Salazar Macías. Esa vez me convocaron para hablar sobre los desaciertos de López-Gatell como vocero. Por los motivos que les comenté, para mí desplazarme sola por la ciudad en ocasiones representa un esfuerzo titánico.

Así y todo, con dificultad, me subí a mi automóvil, que llevaba tres meses parado. Enseguida me percaté de que la batería estaba muerta. Me lleva el tren, pensé. Pedí un Uber, que en medio del tránsito por la hora pico se perdió, dio vueltas innecesarias, para finalmente llegar a mi destino.

Yo estaba citada a las 7:00 de la tarde y llegué a las 8:00. Llegué estresadísima, apenada por el atraso, pero con gel antibacterial en mano y portando cubrebocas. Todos en la producción lo portaban correctamente. Al frente, sentados en una suerte de pequeña sala, Adela Micha y los otros tres invitados me sonreían y me daban amablemente la bienvenida, ninguno con cubrebocas. Todavía detrás de las cámaras, una asistente trataba rápidamente de asistirme para dejar el bolso que llevaba cruzado de un hombro, con las muletas, el gel antibacterial, etc. Todo ocurría muy de prisa y bajo estrés. Lista para dirigirme a mi lugar frente a las cámaras, la escuché decir «Doctora, el cubrebocas». «¿Me lo quito?», pregunté. Y ella asintió con la cabeza.

Como cuando vemos la vida pasar frente a nuestros ojos en una fracción de segundo, así vinieron mil cosas a mi mente: «claro que no, no me lo puedo quitar», «no exageres, ya te dijeron que todos tienen prueba, nadie está infectado, quítatelo», «no me lo voy a quitar, caray», «todos me están viendo, ya quítatelo, pide disculpas por llegar tarde y prosigue», «¿en serio me lo voy a quitar? No inventes», «ya, a la goma, me lo quito». Y así, me lo quité.

Nuevamente, la culpa fue solo mía. Yo tomé la decisión. De habérmelo dejado puesto, estoy segura de que nadie me hubiera insistido en que me lo quitara. Tomé yo la decisión. Quizá el más grave error de todos; pudo haberme costado la vida.

Durante la siguiente hora y media conversamos amablemente en esa sala, todos sonrientes, todos sin cubrebocas en medio de la peor crisis sanitaria que ha visto la humanidad en el último siglo. Todos irresponsables, sin duda. En mi caso, la irresponsabilidad fue todavía más grave. He asumido un rol de activismo durante la pandemia tratando, entre otras cosas, de informar y orientar a la población sobre la importancia de que evitemos todos el contagio. Comprendo de sobra el papel fundamental que tiene el cubrebocas en la prevención del contagio de COVID-19. Lo que hice fue imperdonable. Si alguien debió poner el ejemplo ahí era yo. No lo hice. Lo lamento, me arrepiento y me disculpo sentidamente con todos los que en mi voz han encontrado información que les ha sido útil para cuidarse durante la pandemia. Espero que deje algún aprendizaje el error que cometí.

Al terminar el programa, conversé unos minutos de cerca con Adela Micha, cara a cara. Fue muy amable y terminó la conversación diciendo: «Sé que no debería, pero te voy a dar un abrazo». Y me abrazó.

Eso fue un martes. El viernes, mi buzón de mensajes directos de Twitter estaba saturada.

Cuando lo abrí, no podía creer lo que leía: «Doctora, ¿está usted bien?». Enseguida me di cuenta del porqué de tanta preocupación por mi estado de salud. Adela Micha había informado por redes sociales que la noche anterior había dado positivo a COVID-19. Nadie me alertó. No fue sino hasta que una tuitera me arrobó en un tuit dirigido a Adela Micha: «[...] asistió la Dra. @lximenezfyvie. Ella dijo q no salía, q solo lo hizo para ir a tu programa. Ya le avisaron?». Sólo respondí «Me acabo de enterar por su tuit.» Hasta entonces fue que una productora o asistente me marcó.

—Doctora, qué pena, le llamo para informarle que Adela dio positiva a COVID-19 ayer. ¿Usted está bien? ¿Necesita algo? Dice Adela que lo que necesite, lo que sea, cualquier cosa, no dude en marcarnos.

—Sí, me siento bien, no necesito nada, gracias por avisar. Manda mis mejores deseos a Adela, espero que se recupere muy pronto. —Corté la comunicación y me «hice bolita» un rato.

Sentí un vacío en el estómago. Sentí mucha angustia al imaginar la posibilidad de contagiar a alguien; no me lo hubiera podido perdonar. Mis hijos, afortunadamente, seguían en casa de su papá y yo no tuve contacto con nadie.

Me vino a la cabeza aquella canción de Alanis Morissette, «Ironic»: «Isn't it ironic, don't you think?» Y, sí. ¡Qué ironía, en serio! Tantos años luchando contra la esclerosis múltiple para venir ahora a morirme de COVID-19. Confieso que la noticia me cayó como cubetada de agua fría. La sentí como una sentencia anticipada de muerte. Llevaba meses construyendo la iniciativa Salvemos con ciencia, habíamos logrado muchas cosas ya, pero no habíamos podido todavía lanzar la plataforma COVID-19|VTOE para dar atención médica temprana gratuita a distancia. Pensé: «Caramba, si por lo menos hubiera tenido tiempo para dejar la plataforma funcionando, algo bueno hubiera dejado de todo esto».

Es curioso lo que pasa por la mente cuando se cree tener la certeza de que la muerte vendrá en unos cuantos días. No es la primera vez en la vida que me enfrento a ese sentimiento. Nunca he sentido miedo, solo falta de preparación ante la detención del tiempo.

Me lamenté unos minutos más y después regresé al «modo *supervivencia*». Me dispuse a aplicar en mí misma lo que había estado recomendado durante meses a tantos en Salvemos con ciencia. No lo hice con el cubrebocas en el programa de Adela, pero se vive y se aprende. Nunca es tarde para rectificar los errores.

- Redoblar la autovigilancia de oximetría, pulso y temperatura a cada 8 horas en lugar de cada 24. Cada medición registrada en el formulario. —*Check.*
- Contar los días desde el contacto sospechoso para hacer la prueba por PCR después del quinto día. —*Check.*
- Aislamiento domiciliario estricto. —*Check.*
- No olvidar esa tableta de vitamina D cada mañana después del desayuno, y ¡nada más! no automedicarse. —*Check.*
- Buena alimentación, mejor hidratación. —*Check* y *check.*

Así recorrí la lista, preparándome para lo peor y deseando lo mejor.

El lunes en la mañana amanecí con uno de los peores dolores de cabeza de mi vida, el cuerpo cortado, febrícula, escalofríos y un cansancio insaciable. No hacía falta más, lo supe de inmediato, tenía COVID-19.

Llamé al doctor Enrique Martín del Campo, coordinador del área de Atención Médica de Salvemos con ciencia, a quien conozco desde hace más de 30 años, y de inmediato comenzó a llevar mi caso con nuestro protocolo médico. Cabe mencionar que Enrique es el profesional que inicialmente ideó el protocolo médico de tratamiento oportuno escalonado para la atención temprana de pacientes con COVID-19 que después, con la retroalimentación de todos, principalmente del doctor Francisco Espinosa, al frente de la Dirección Médica de Salvemos con ciencia, adaptamos y llamamos VTOE (vigilancia y tratamiento oportuno escalonado).

La cuestión es que Enrique no podía creer que yo, que no me canso de preconizar el uso del cubrebocas, la sana distancia y el confinamiento, me hubiera contagiado. En fin.

Comencé el tratamiento de inmediato como indica el protocolo; establecimos un chat en WhatsApp para mi seguimiento en el que incluí a Enrique, como mi médico tratante, y a Sofía Frech, directora ejecutiva de Salvemos con ciencia, como mi «cuidadora designada». Lo que Sofía hizo por mí durante esas casi dos semanas es algo que nunca podré terminar de agradecerle.

Una mañana mi saturación de oxígeno comenzó a caer, de 94 a 90 %, después a 89, 87 %. Para la noche estaba en 82 por ciento.

Como sea, me di a la tarea de conseguir un tanque de oxígeno, puesto que la directiva de acostarme boca abajo no mejoró suficiente mi saturación.

Empecé a llamar a todos los sitios de Ciudad de México para buscar un concentrador de oxígeno o un tanque en renta. No había ni uno disponible.

Solo encontré uno, pero en venta, en 55 000 pesos. Revisé mi cuenta bancaria: imposible.

Así pues, pasé cerca de 72 horas con la saturación de oxígeno rondando entre 84 y 87 %. Felizmente, poco a poco, y llevada de la mano por un gran médico, Enrique, y una extraordinaria amiga —tal como habíamos visto con tantos otros pacientes atendidos oportunamente—, la saturación de mi oxígeno empezó a subir. Al paso de los días y con el oxímetro abrazado a mi dedo: 87, 88, 89…, 90, 91, 92 %…

Seguía viva, y lo peor había pasado.

No he quedado con secuelas mayores. Durante varias semanas después de mi recuperación continué teniendo episodios de confusión, pérdida de la memoria a corto plazo, mareo y cansancio persistente. Ahora no percibo más esos síntomas y mi saturación de oxígeno se mantiene dentro de los rangos normales de manera constante. Fui muy afortunada, sin duda. Pero no fue suerte. La razón por la que un caso como el mío, con tanto en contra para salir bien librado —incluida mi necedad—, tuvo un resultado tan favorable es porque se detectó y se trató adecuadamente de forma muy temprana. La autovigilancia en casa juega un papel fundamental en todo esto. Muchas personas no presentan otros síntomas, no se sienten mal, pero comienzan a tener disminución en su saturación de oxígeno. Si esto se detecta a tiempo se puede hacer mucho por la persona. La atención temprana es como le ganamos al virus.

COVID-19 es una enfermedad cruel que se padece en soledad y provoca sentimientos de mucha angustia e incertidumbre. Muchos no han sido tan afortunados como yo y continúan padeciendo las secuelas de la enfermedad meses después de haber resuelto la infección o, peor aún, han fallecido.

No hay curas ni remedios milagrosos para evitar el contagio ni para tratar la enfermedad. Tendremos acceso a vacunas algún día, pero eso llevará tiempo todavía. Tengámosle respeto al virus más que miedo, porque sí hay manera de esquivarlo y ganarle.

Mi experiencia como paciente de COVID-19 quedó atrás, afortunadamente, entre las anécdotas que ojalá pueda contarles a mis nietos.

Hay que recordar a los héroes y las heroínas que por fortuna abundan en nuestro país.

Como Sofía Frech, mi cuidadora durante el tratamiento, que fue mi salvación y compañía. Como el doctor Enrique Martín del Campo, quien ha mostrado una entereza, profesionalismo y generosidad sin igual, no solo tratando mi caso, sino el de cientos de personas de forma gratuita durante estos meses. Como ellos, incontables más. La humanidad tendrá por siempre una deuda con los profesionales de la salud que han dado y sacrificado tanto durante este tiempo. La pandemia ha traído sufrimiento y pérdida a nivel mundial, en una escala sin precedentes, pero ha exhibido también el valor, la calidad humana y la generosidad de muchos.

Mi corazón y solidaridad está con aquellas personas que hoy sufren de COVID-largo y con las familias que lloran la pérdida de un ser querido.

Notas

1 https://www.worldometers.info/coronavirus/

2 Versión estenográfica de la conferencia de prensa matutina del sábado 14 de marzo de 2020: https://www.gob.mx/presidencia/articulos/version-estenografica--conferencia-de-prensa-informe-diario-sobre-coronavirus-covid-19-en-mexico-237955?idiom=es

3 Versión estenográfica de la conferencia de prensa matutina del lunes 16 de marzo de 2020: https://www.gob.mx/presidencia/es/articulos/version-estenografica-de-la-conferencia-de-prensa-matutina-lunes-16-de-marzo-de-2020?idiom=es

4 https://www.infobae.com/america/mexico/2021/01/05/fui-a-visitar-a-familiares-muy-cercanos-lopez-gatell-aclaro-por-que-fue-a-zipolite-en-plena-pandemia-de-covid-19/

5 https://pubmed.ncbi.nlm.nih.gov/28636590/

6 https://www.nature.com/articles/s41467-017-00923-8

7 https://www.who.int/publications/m/item/who-convened-global-study-of-the-origins-of-sars-cov-2

8 https://www.jornada.com.mx/ultimas/politica/2020/06/28/murcielagos-parte-de-la-solucion-no-causa-de-la-pandemia-3274.html

9 https://www.thelancet.com/journals/lancet/article/PIIS0140-6736(20)30918-1/fulltext#%20

10 https://news.un.org/es/story/2020/02/1470031

11 https://www.jornada.com.mx/ultimas/mundo/2020/04/25/ante-lo-desconocido-la-pandemia-y-el-sistema-mundo-7878.html

12 https://www.eluniversal.com.mx/cartera/cae-ingreso-capita-de-los-mexicanos-su-menor-nivel

13 https://www.nejm.org/doi/full/10.1056/NEJMe2009758https://www.nejm.org/doi/full/10.1056/NEJMe2009758

14 https://www.ft.com/content/c0badd91-a395-4644-a734-316e71d60bf7

15 https://www.ctvnews.ca/health/coronavirus/leaked-recordings-reveal-who-frustration-at-some-countries-handling-of-covid-19-1.5185815

16 https://www.bbc.com/mundo/noticias-internacional-52915607

[17] https://www.bbc.com/mundo/noticias-internacional-52915607

[18] La investigación, realizada por HelpAge International y auspiciada por la ONU, midió la calidad de vida de los ancianos en 91 países. Véase https://elpais.com/sociedad/2013/09/27/actualidad/1380304348_631844.html

[19] https://www.france24.com/en/20200916-they-sacrificed-the-elderly-how-covid-19-spread-in-sweden-s-care-homes

[20] https://www.bbc.com/mundo/noticias-52283394

[21] Algunos firmantes de este documento son Jürgen Habermas, el sociólogo Manuel Castells, los exmandatarios Felipe González, de España, y Romano Prodi, de Italia, y el economista Jeffrey Sachs, entre otros. https://www.santegidio.org/downloads/Llamamiento%20ancianos%2020-05-20.pdf

[22] https://www.jornada.com.mx/ultimas/mundo/2020/04/25/ante-lo-desconocido-la-pandemia-y-el-sistema-mundo-7878.html

[23] https://www.jornada.com.mx/ultimas/mundo/2020/04/25/ante-lo-desconocido-la-pandemia-y-el-sistema-mundo-7878.html

[24] https://edition.CNN.com/2020/12/03/politics/biden-harris-interview-covid-mask/index.html

[25] https://edition.CNN.com/2020/09/03/politics/trump-biden-coronavirus-mask/index.html

[26] https://www.24horas.cl/coronavirus/experto-del-centro-de-estudios-johns-hopkins-america-latina-representa-el-49-de-todas-las-nuevas-muertes-4278819

[27] https://www.bbc.com/mundo/noticias-america-latina-54271772

[28] https://www.bbc.com/mundo/noticias-america-latina-54622859#:~:text=La%20mayor%C3%ADa%20de%20los%20expertos,de%20contactos%20de%20perso-nas%20infectadas

[29] https://www.bbc.com/mundo/noticias-america-latina-53313893

[30] https://www.who.int/es/news-room/q-a-detail/q-a-hydroxychloroquine-and-covid-19 y https://apps.who.int/iris/bitstream/handle/10665/332638/WHO-2019-nCoV-clinical-2020.5-spa.pdf

[31] https://www.bloomberg.com/news/articles/2020-11-24/los-mejores-y-peores-lugares-para-estar-en-la-era-del-covid-khwlaifq

[32] https://www.eleconomista.com.mx/empresas/Secretaria-de-Salud-degradara-a-la-Cofepris-y-pasara-al-control-de-Lopez-Gatell-20200819-0011.html

[33] https://www.gob.mx/salud/prensa/086-mexico-permanece-en-fase-uno-por-covid-19

[34] https://www.gob.mx/presidencia/articulos/version-estenografica-de-la-conferen-cia-de-prensa-matutina-lunes-2-de-marzo-de-2020?idiom=es

[35] https://podcasts.apple.com/mx/podcast/100-the-covid-19-crisis-in-latin-america/id1501336958?i=1000479237685

[36] https://www.milenio.com/politica/amlo-fuerza-moral-contagio-afirma-hugo-López-gatell

[37] https://www.bmj.com/content/370/bmj.m3563

[38] https://www.gob.mx/presidencia/es/articulos/version-estenografica-conferencia-de-prensa-informe-diario-sobre-coronavirus-covid-19-en-mexico-247023

[39] https://www.gob.mx/presidencia/es/articulos/version-estenografica-conferencia-de-prensa-informe-diario-sobre-coronavirus-covid-19-en-mexico-239987?idiom=es

[40] https://podcasts.apple.com/mx/podcast/100-the-covid-19-crisis-in-latin-america/id1501336958?i=1000479237685

[41] https://www.gob.mx/presidencia/es/articulos/version-estenografica-conferencia-de-prensa-informe-diario-sobre-coronavirus-covid-19-en-mexico-239987?idiom=es

[42] https://www.gob.mx/presidencia/es/articulos/version-estenografica-conferencia-de-prensa-informe-diario-sobre-coronavirus-covid-19-en-mexico-239987?idiom=es

[43] https://www.gob.mx/presidencia/es/articulos/version-estenografica-conferencia-de-prensa-informe-diario-sobre-coronavirus-covid-19-en-mexico-239987?idiom=es

[44] https://www.gob.mx/presidencia/es/articulos/version-estenografica-conferencia-de-prensa-informe-diario-sobre-coronavirus-covid-19-en-mexico-239144?idiom=es

[45] https://lopezobrador.org.mx/2020/03/24/version-estenografica-de-la-conferencia-de-prensa-matutina-del-presidente-andres-manuel-lopez-obrador-283/

[46] https://www.gob.mx/presidencia/es/articulos/version-estenografica-conferencia-de-prensa-informe-diario-sobre-coronavirus-covid-19-en-mexico-239987?idiom=es

[47] https://www.gob.mx/presidencia/articulos/version-estenografica-conferencia-de-prensa-informe-diario-sobre-coronavirus-covid-19-en-mexico-240054?idiom=es

[48] https://www.gob.mx/presidencia/articulos/version-estenografica-conferencia-de-prensa-informe-diario-sobre-coronavirus-covid-19-en-mexico-240164?idiom=es

[49] https://lopezobrador.org.mx/2020/04/16/version-estenografica-de-la-conferencia-de-prensa-matutina-del-presidente-andres-manuel-López-obrador-301

[50] https://www.thelancet.com/journals/lancet/article/PIIS0140-6736(20)31955-3/fulltext

[51] https://www.facebook.com/HugoLopezGatell/posts/157510022552872

[52] https://www.gob.mx/presidencia/articulos/version-estenografica-conferencia-de-prensa-informe-diario-sobre-coronavirus-covid-19-en-mexico-252916?idiom=es

[53] https://www.gob.mx/salud/documentos/boletinepidemiologico-sistema-nacional-de-vigilancia-epidemiologica-sistema-unico-de-informacion-231750

[54] https://datos.nexos.com.mx/?p=1485

[55] https://www.gob.mx/presidencia/es/articulos/version-estenografica-conferencia-de-prensa-informe-diario-sobre-coronavirus-covid-19-en-mexico-241493?idiom=es)

[56] https://coronavirus.conacyt.mx/proyectos/ama.html

[57] https://www.gob.mx/presidencia/articulos/version-estenografica-conferencia-de-prensa-informe-diario-sobre-coronavirus-covid-19-en-mexico-241493%3Fidiom%3Des+&cd=1&hl=es&ct=clnk&gl=mx

[58] «Ese periódico desde el principio de la pandemia empezó a insinuar que estábamos ocultando a los nuestros, querían llevar ellos una contabilidad de muertos. Imagínense la bajeza, la inmoralidad», dijo el actual presidente de los mexicanos en referencia a *Re-*

forma (https://Lópezobrador.org.mx/2020/05/04/version-estenografica-de-la-conferencia-de-prensa-matutina-del-presidente-andres-manuel-López-obrador-313).

[59] En otra conferencia dijo que eran 375.

[60] https://www.reforma.com/libre/acceso/accesofb.htm?urlredirect=/por-la-transparencia-de-las-cifras/ar1976266

[61] https://www.gob.mx/presidencia/es/articulos/version-estenografica-de-la-conferencia-de-prensa-matutina-lunes-4-de-mayo-de-2020?idiom=es

[62] https://aristeguinoticias.com/2605/kiosko/ningun-pais-del-mundo-cuenta-todos-sus-casos-de-covid-19-lopez-gatell-enterate

[63] El caso del Valle de México, escribe Javier Flores, «fue sin duda uno de los más llamativos, no solamente porque el número de casos confirmados y las hospitalizaciones escaparon completamente a la predicción matemática, sino porque había servido como representativa del comportamiento de la epidemia a nivel nacional, y se había utilizado para hacer decir al presidente el día en el que supuestamente se alcanzaría el acmé de la curva, el "aplanamiento" de la misma y presumir que la epidemia había sido domada». En Javier Flores, «¿Falló el modelo matemático?», *Nexos*, https://datos.nexos.com.mx/?p=1485

[64] https://coronavirus.conacyt.mx/productos/ama/Reporte-ama-1_20200618.pdf

[65] https://coronavirus.conacyt.mx/productos/ama/Reporte%20AMA-2%202020-10-29.pdf

[66] https://www.eluniversal.com.mx/ciencia-y-salud/coronavirus-proyectan-para-mexico-25-mil-muertos-al-20-de-junio

[67] https://www.gob.mx/presidencia/articulos/version-estenografica-conferencia-de-prensa-informe-diario-sobre-coronavirus-covid-19-en-mexico-251703?tab=

[68] La muerte poco visible de la epidemia en México. https://elpais.com/mexico/2020-10-28/la-muerte-poco-visible-de-la-epidemia-en-mexico.html

[69] https://www.gob.mx/presidencia/articulos/version-estenografica-conferencia-de-prensa-informe-diario-sobre-coronavirus-covid-19-en-mexico-252916?idiom=es

[70] https://www.gob.mx/presidencia/articulos/version-estenografica-conferencia-de-prensa-informe-diario-sobre-coronavirus-covid-19-en-mexico-252916?idiom=es

[71] https://laurieximenez.files.wordpress.com/2020/04/1-guia_bioetica_final_10_abril2020_v1.pdf

[72] https://laurieximenez.files.wordpress.com/2020/04/1-guia_bioetica_final_10_abril 2020_ v1.pdf

[73] https://www.gob.mx/presidencia/es/articulos/version-estenografica-conferencia-de-prensa-informe-diario-sobre-coronavirus-covid-19-en-mexico-241477?idiom=es

[74] https://presidente.gob.mx/13-03-20-version-estenografica-de-la-conferencia-de-prensa-matutina-del-presidente-andres-manuel-lopez-obrador

[75] https://www.gob.mx/presidencia/articulos/version-estenografica-conferencia-de-prensa-informe-diario-sobre-coronavirus-covid-19-en-mexico-257437?idiom=es

[76] H. Hernández (17 de junio de 2020). «Mortalidad por covid-19 en México. Notas

preliminares para un perfil sociodemográfico». *Notas de Coyuntura del CRIM*, núm. 36, México, CRIM-UNAM, 7 pp.

[77] https://podcasts.apple.com/mx/podcast/100-the-covid-19-crisis-in-latin-america/id1501336958?i=1000479237685

[78] https://eljuegodelacorte.nexos.com.mx/?p=11844

[79] https://lopezobrador.org.mx/2020/05/04/version-estenografica-de-la-conferencia-de-prensa-matutina-del-presidente-andres-manuel-lopez-obrador-313/

[80] https://www.gob.mx/presidencia/articulos/version-estenografica-conferencia-de-prensa-informe-diario-sobre-coronavirus-covid-19-en-mexico-241196?idiom=es

[81] https://www.insp.mx/avisos/resultados-preliminares-de-la-encuesta-nacional-de-salud-y-nutricion-covid-19

[82] https://www.linkedin.com/pulse/covid19mx-jarabe-de-pico-arturo-erdely

[83] https://www.gob.mx/presidencia/articulos/version-estenografica-conferencia-de-prensa-informe-diario-sobre-coronavirus-covid-19-en-mexico-243764?idiom=es

[84] https://www.elfinanciero.com.mx/salud/mexico-el-peor-pais-para-vivir-durante-pandemia-de-covid-19-segun-ranking-de-bloomberg

[85] https://www.elfinanciero.com.mx/salud/mexico-el-peor-pais-para-vivir-durante-pandemia-de-covid-19-segun-ranking-de-bloomberg

[86] https://www.elfinanciero.com.mx/nacional/López-gatell-pleitos-curvas-y-contradicciones

[87] Cabe señalar que en el *ranking* de resiliencia a COVID-19 se evaluaron 59 economías de más de 200 000 millones con 10 métricas consideradas «clave»: aumento de los casos de COVID-19, tasa de mortalidad, capacidad de pruebas diagnósticas y acuerdos para garantizar el stock de vacunas. La capacidad hospitalaria de cada país, el efecto de restricciones ligadas al impacto del virus, como confinamiento y cierres a la economía, y la libertad de los ciudadanos de cada Estado para desplazarse también se consideraron. Véase https://www.bloomberg.com/graphics/covid-resilience-ranking/#ranking

[88] https://www.milenio.com/salud/covid-19-y-casos-por-asociacion-las-cifras-en-mexico

[89] https://www.milenio.com/salud/covid-19-y-casos-por-asociacion-las-cifras-en-mexico

[90] https://www.atsjournals.org/doi/full/10.1164/rccm.202006-2157CP

[91] https://presidente.gob.mx/08-12-20-version-estenografica-de-la-conferencia-de-prensa-matutina-del-presidente-andres-manuel-lopez-obrador/

[92] https://www.nejm.org/doi/full/10.1056/NEJMe2009758

[93] A partir de los análisis y planteamientos de los mencionados seis exsecretarios federales de Salud, «se creó un equipo de investigación que dio forma y desarrollo al trabajo que aquí se presenta. A su vez, durante otras sesiones del Consejo, el documento fue enriquecido por las ideas y aportaciones de las y los integrantes de Pensando en México», dice en su introducción esta hoja de ruta. Véase https://

www.razon.com.mx/uploads/files/2020/09/09/La%20gestion%20de%20la%20 pandemia%20en%20Mexico.%20Analisi%20preliminar%20y%20recomendacio- nes%20urgentes.pdf

[94] https://www.gob.mx/presidencia/articulos/version-estenografica-conferencia-de- prensa-informe-diario-sobre-coronavirus-covid-19-en-mexico-252305?idiom=es

[95] https://www.milenio.com/ciencia-y-salud/lopez-gatell-sugiere-patentar-plan-8-se- manas-acabar-covid

[96] https://www.gob.mx/presidencia/articulos/version-estenografica-conferencia-de- prensa-informe-diario-sobre-coronavirus-covid-19-en-mexico-252305?idiom=es

[97] https://www.eleconomista.com.mx/politica/Exsecretarios-de-Salud-piden-golpe-de- timon-urgente-para-evitar-150000-muertes-en-enero-por-Covid-19-20200909-0080. html

[98] Página 119, en https://www.razon.com.mx/uploads/files/2020/09/09/La%20gestion %20de%20la%20pandemia%20en%20Mexico.%20Analisi%20preliminar%20y%20 recomendaciones%20urgentes.pdf

[99] https://www.eleconomista.com.mx/politica/Exsecretarios-de-Salud-piden-golpe-de- timon-urgente-para-evitar-150000-muertes-en-enero-por-Covid-19-20200909-0080. html

[100] https://politico.mx/minuta-politica/minuta-politica-gobierno-federal/amlo-revira-a- oms-l%C3%B3pez-gatell-dice-que-cubrebocas-no-es-necesario/

[101] https://www.nytimes.com/es/2020/03/22/espanol/opinion/coronavirus-amlo.html

[102] https://www.infobae.com/america/mexico/2020/12/02/me-dicen-lopez-gatell-y- alcocer-que-no-es-indispensable-amlo-reitero-por-que-no-usa-cubrebocas/

[103] https://lopezobrador.org.mx/2020/12/02/version-estenografica-de-la-conferen- cia-de-prensa-matutina-del-presidente-andres-manuel-lopez-obrador-429/

[104] https://lopezobrador.org.mx/2020/12/02/version-estenografica-de-la-conferen- cia-de-prensa-matutina-del-presidente-andres-manuel-lopez-obrador-429/

[105] https://www.sinembargo.mx/16-09-2020/3860465

[106] https://coronavirus.gob.mx/wp-content/uploads/2020/10/BoletinIV_Exceso- Mortalidad_SE39MX21102020.pdf

[107] https://www.infobae.com/america/agencias/2020/10/22/fmi-latinoamerica-no- vera-crecimiento-previo-a-covid-hasta-2023/

[108] https://datos.nexos.com.mx/?p=1485

[109] https://lopezobrador.org.mx/2020/05/13/version-estenografica-de-la-conferen- cia-de-prensa-matutina-del-presidente-andres-manuel-lopez-obrador-320/

[110] https://www.gob.mx/presidencia/articulos/version-estenografica-conferencia-de- prensa-informe-diario-sobre-coronavirus-covid-19-en-mexico-259184?idiom=es

[111] https://www.gob.mx/presidencia/es/articulos/version-estenografica-conferencia- de-prensa-del-presidente-andres-manuel-lopez-obrador-del-6-de-octubre-de-2020